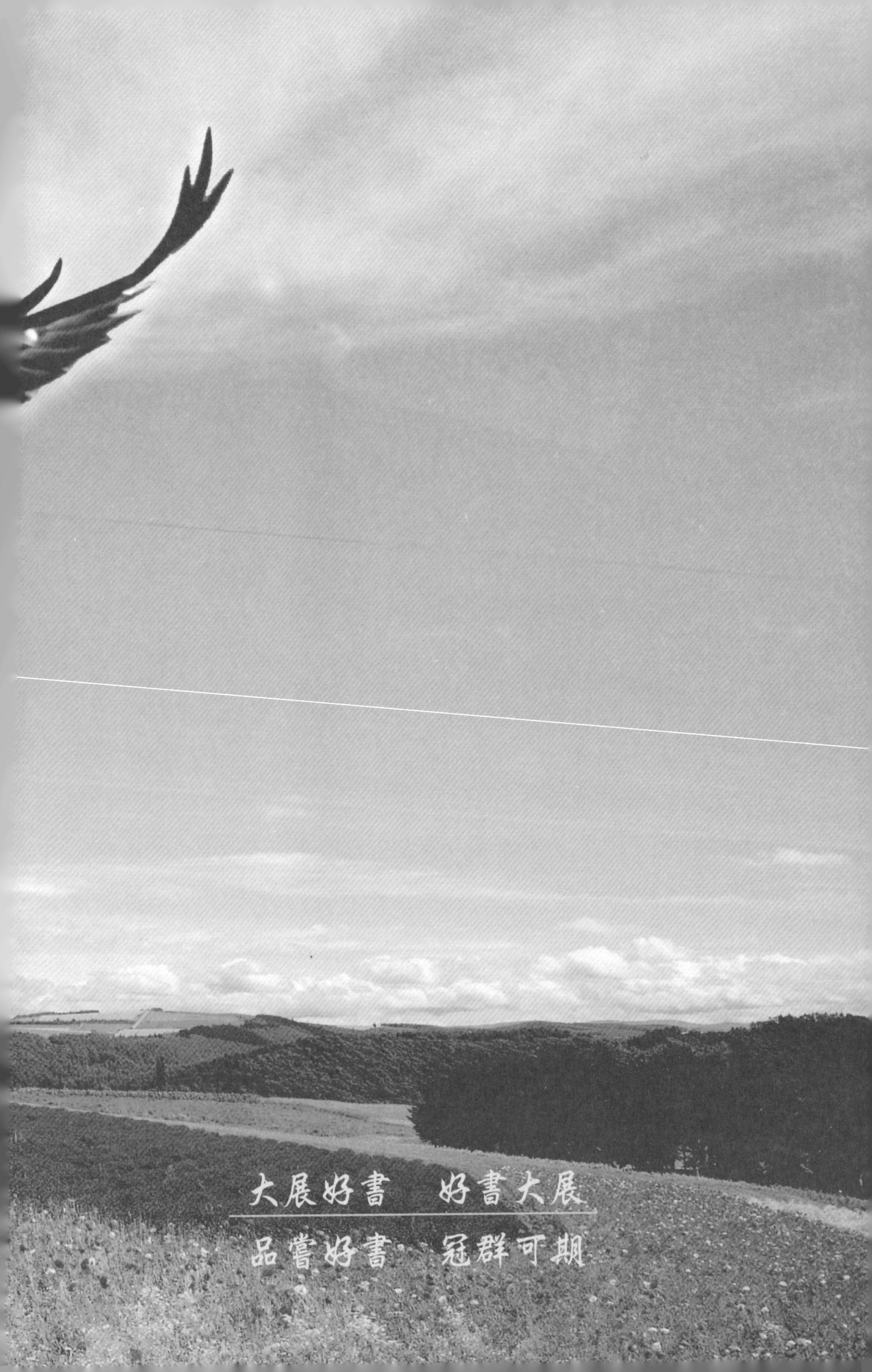
大展好書　好書大展
品嘗好書　冠群可期

大展好書　好書大展
品嘗好書　冠群可期

策劃人語

本叢書重新編排的目的，旨在供各界武術愛好者鑒賞、研習和參考，以達弘揚國術，保存國粹，俾後學者不失真傳而已。

原書大多為中華民國時期的刊本，作者皆為各武術學派的嫡系傳人。他們遵從前人苦心孤詣遺留之術，恐久而湮沒，故集數十年習武之心得，公之於世。叢書內容豐富，樹義精當，文字淺顯，解釋詳明，並且附有動作圖片，實乃學習者空前之佳本。

原書有一些塗抹之處，並不完全正確，恐為收藏者之筆墨。因為著墨甚深，不易恢復原狀，並且尚有部分參考價值，故暫存其舊。另有個別字，疑為錯誤，因存其真，未敢遽改。我們只對有些顯著的錯誤之處做了一些修改的工作；對缺少目錄和編排不當的部分原版本，我們根據內容進行了加工、調整，使其更具合理性和可讀性。有個別原始版本，由於出版時間較早，保存時間長，存在殘頁和短頁的現象，雖經多方努力，仍沒有辦法補全，所幸者，就全書的整體而言，其收藏、參考、學習價值並沒有受到太大的影響。希望有收藏完整者鼎力補全，以裨益當世和後學，使我中華優秀傳統文化傳承不息。

為了更加方便廣大武術愛好者對老拳譜叢書的研究和閱讀，我們對叢書做了一些改進，並根據現代人的閱讀習慣，嘗試著做了斷句，以便於對照閱讀。

由於我們水準有限，失誤和疏漏之處在所難免，敬請讀者予以諒解。

八段錦
增訂本

叙生同志指疵
五十小象
卅三·廿九

編者履歷

民前一年，畢業於上海中國體操學校。

民一，任上海商團公會立尚武小學校體育教員——任職一年。

民二春，任上海中國體操學校，兼任湖州旅滬公學，暨甲種商業學校體育教員——任職一年。

民三秋，任上海澄衷學校小學部體育教員，兼中學部國術教員——任職三年半。

民七春，任江蘇省立（南京）第一中學校體育主任——任職一年半。

民八暑期，任青浦縣立小學體育教員講習會主講，秋任山西督軍署參謀處體育教官，兼任陸軍教導團中國體操教官，暨留日預備學校，國民師範學校體育教員——任職半年。

民九春，任上海精武體育第一分會幹事，兼任中國公學，暨培德公學國術教員——任職半年；秋任江蘇省立（南京）第四師範學校體育主任——任職一年。

民十秋，任浙江省立（溫州）第十師範學校體育主任——任職一年又半。創辦社會體育勵志社。

民十一暑期，任浙江平陽縣立小學教員體育講習會主講。

民十二年春，任浙江省立（嚴州）第九師範學校體育主任，兼任第九中學校國術教員——任職半年；秋任浙江省立第九中學校體育主任——任職一年。

民十三秋，任浙江省立（處州）第十一中學體育主任——任職一年。

民十四秋，任上海澄衷中學體育主任——任職?年。

民十五春，兼任東亞體育學校，暨愛國女學校體育科教員——兼任一年。

民十九秋，兼任東南女子體育師範學校教員——一年。

民二十秋，兼任蘇州中山體育學校教員——一年。

民二五夏，參加中華體育考察團赴歐。在柏林加入世界運動學員研究營，參觀第十一屆世界運動會，考察德、義、丹麥、瑞典、奧地利、捷克、匈牙利七國體育。秋兼任正始中學校體育主任——一年。

民二六春，兼任肇和中學校體育主任——半年。

民二七暑期，兼任上海國際紅十字會教育委員會，國術名譽總指導，暨難民收容所體育指導訓練班教員。

民二八春，兼任上海難民救濟協會，教育組體育視導——半年。

民二九春，兼任紹興七縣旅滬中學校體育主任——?·年。

八段錦木版原圖縮影

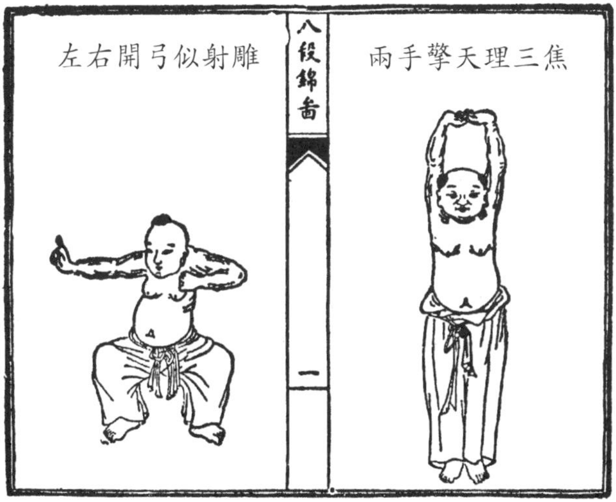

八段錦圖 三

搗頭擺尾去心火

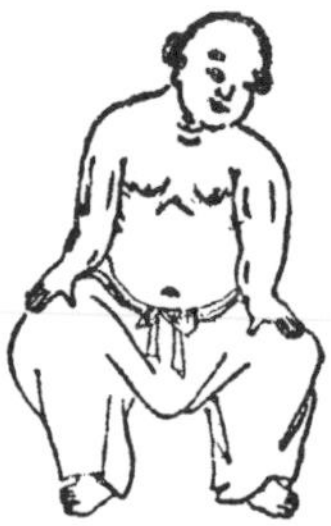

背後七顛百病消

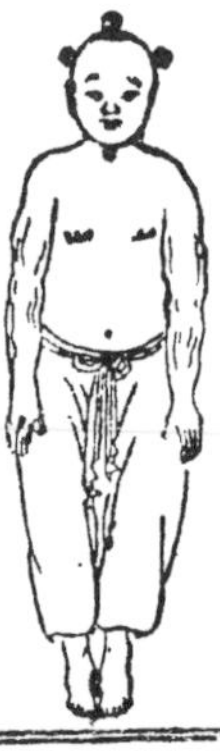

八段錦圖 四

攢拳怒目增氣力

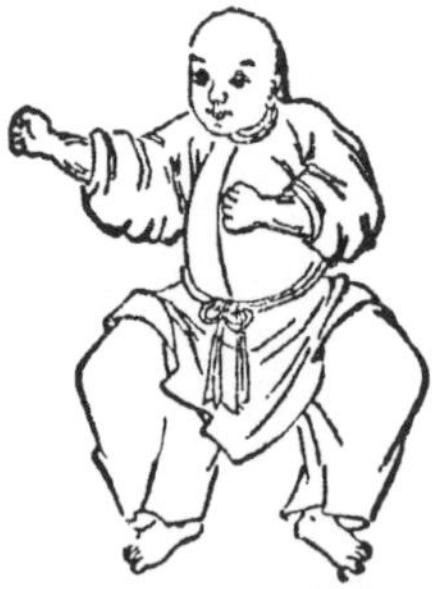

兩手攀足固腎腰

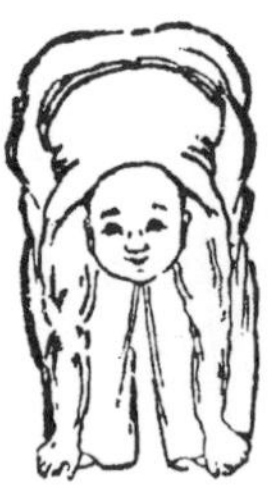

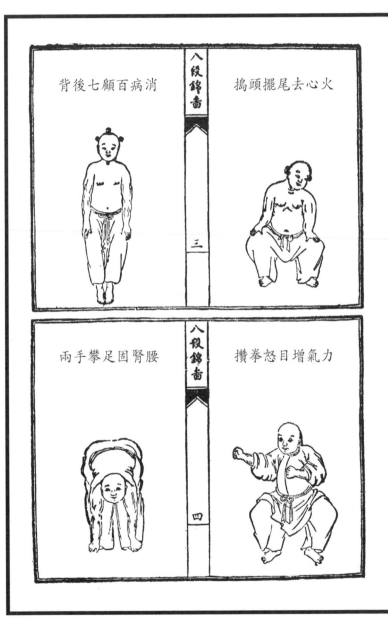

姿勢不求正確的練八段錦

膝彎曲，腳跟提不高，肢體屈著，挺不直，不能仿做擎天的模樣，也能收理三焦的功效？

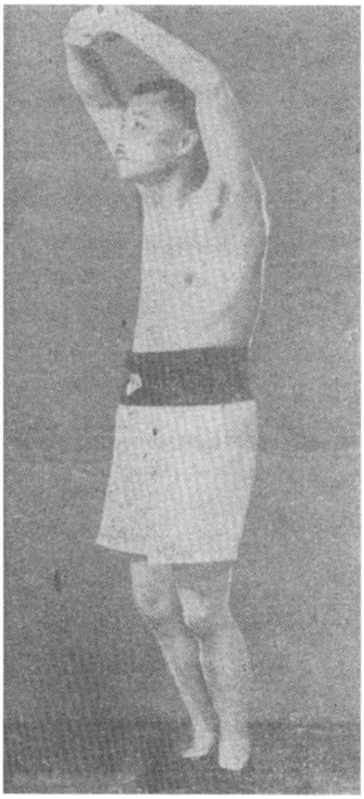

馬式，不像騎馬式。開弓，不像開弓樣，射雕的精神全無，活像在那裡指東話西。

勾頭縮頸彎背，凸肚，臂腳挺不直，脾胃曷能調！

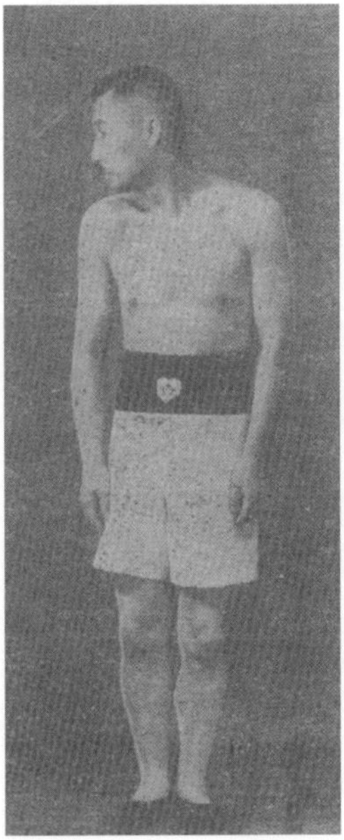

聳起肩胛，凹進胸膛。心神不專一，東一張，西一望，五勞七傷休想消。

像著一座破屋，被風吹著在擺搖，心火萬難去得掉！

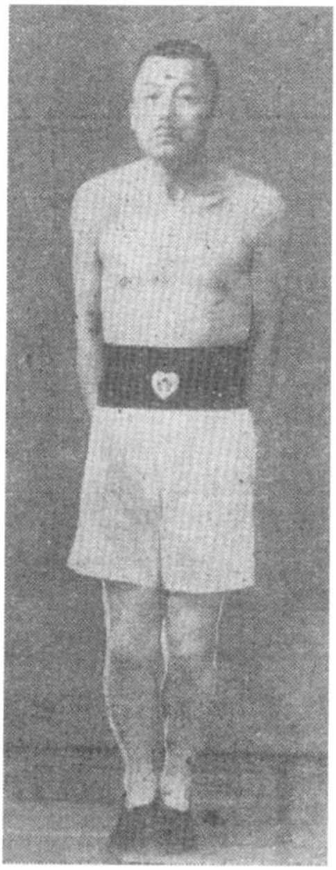

宿夢未醒，眉眼皺緊，不是在做七顛，似在受百病的磨難！

衝出頭，駝起了背，歪坐騎馬式，攢拳不怒目，氣力增不了！

屈膝攀住腳，只好騙自家，腎腰不堅固，暫時不管它。

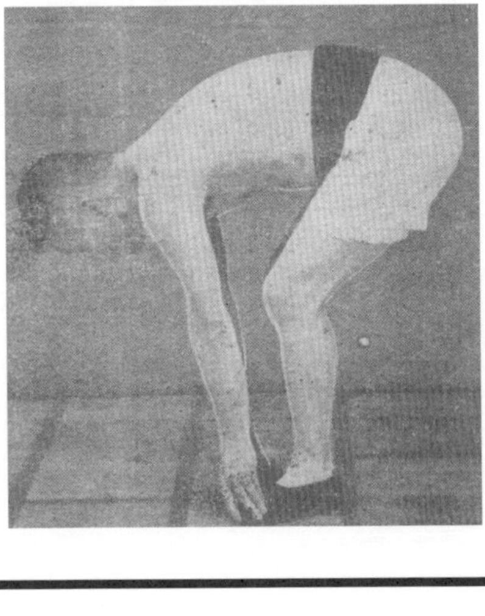

用剛勁猛力來練八段錦，是極不相宜的。

八段錦增訂本　目次

編者寫在八段錦增訂本前

「看他不像樣，倒是個雕花匠。」這句鄉談，拿來譬喻「八段錦」，十分確切。回想到二十多年前的「八段錦」，混在上海邑廟中的冷攤上，沒有人去顧問它。編者素以改造國粹體育，發展中國固有的體操為本旨，加入精武體育會，研究國術；進青年會體育部領袖班，請益于美國體育專家史璜（Swon）先生，探討美國體育。在課後餘暇，便向舊書攤上，搜尋吾國固有的健身術圖書。得著《易筋經十二勢》、《易筋經廿四式》、《華佗五禽戲》等古本，首先得著的是《八段錦》，書中沒有說明，只有木刻圖八幅，每圖附有術語一句。

編者參用新方法改編，躬自嘗試，然後教授生徒，一再改編，遍求高明指教，荷蒙熱心諸君贊助提倡。故二十多年來，能「八段錦」者，不知凡幾；坊間抄襲和翻版《八段錦》的，也不勝枚舉。即此二點，「八段錦」的風行國內，不言可知。

二十五年夏，編者在德京柏林，見世運籌備總幹事提摶（Diem）博士著作中（註一），有德譯轉載郝更生先生英譯（註二）拙作《八段錦》，竊以為奇，萬不料冷攤上的古董，竟能一躍成為國際體育的資料，正應著首句所引的吾國的俗語了！

「八一三」滬戰爆發，「健學社」所有出版圖書紙型、稿件、照相、藏書等等，毀滅一空，損失達十萬金以上，言之實堪心痛！近承友朋以《八段錦》復版相勸，無奈衣食尚成問題，何暇及此？幸蒙友人不忘舊義，作經濟上的援助，編者盛情難卻，特將《八段錦修正本》內容，復加以修訂，又增編「床上八段錦練習法」，圖式重行演攝。《新編《八段錦》圖式百餘幀，也同時攝成，復版付印，寫這幾句話，兼謝友人一番的好意！並感謝國醫方亮臣先生，予以醫學上的解釋。

註一：提拇博士的著作，自德攜歸，不幸在「八一三」時，遺留在虹口寓所，書名健忘，誠為憾事。

註二：郝更生先生的論文著述《體育概論》，由上海商務印書館出版。

關於八段錦的幾句話

「八段錦」是中華國粹健身術的一種，共有八節運動，內外兼練，全身普遍，在健身運動中的地位，好比絲織品中的精美的錦緞一般，所以叫做「八段錦」。

「八段錦」古有南北兩派。本八似乎屬於南派，方法簡單，容易習練，與歐美各國的柔軟體操相彷彿。北派多騎馬式，比較是難練一些。

「八段錦」有文武之別。武八段錦如本「八段錦」（就是「分級八段錦」中的「高級八段錦」），「新編八段錦」（是本八段錦的進一步的練習，是編者考察歐洲體育後新編的），「岳武穆八段錦」，「神勇八段錦」，又名叫做「易筋經八段錦」，練以提、舉、推、拉、揪、按、抓、盈八法，不過偏於上肢一部份的運動，曾經編者改編，易名叫做「易筋經廿四式」。文八段錦都行坐功，不是人人都能習練的。

「八段錦」有包含各種體操的性質：

第一段錦「……理三焦」，第三段錦「……調理脾胃」，第四段錦「……五勞七傷」，第五段錦「……去心火」，第六段錦「……百病消」，第八段錦「……固腎腰」，都有療病體操的意義。

第一段錦「……擎天……」第二段錦「……開弓射雕」，第五段錦「搖頭擺尾……」，有模仿體操的意味。

第二段錦「……射雕」，第三段錦「……單舉手」，第五段錦「搖頭擺尾……」，都是抗敵自衛技能的動作。

「八段錦」的優點和功效、要點，舉述如下：

甲、優點

①**不費時間：**每練一遍，費時不過七八分鐘，極合於公務冗忙的人們，做健強身體的練習。

②**不需地位：**四五尺的地步，就可以操練，甚至於可以在床上習練。

③**簡單易行：**全部只有運動八節，每節動作，並不複雜，無師指

導，也可以自己去練習的。

④**效益宏大：**按目習練，持之有久，卻病延年，確有意想不到的效力！

⑤無論男女老幼，身強身弱，行之咸宜。

⑥**極合個人或團體，用作健身鍛鍊：**個人練習，每日最好練兩次：一在清時晨起身之後（長力的）；一在晚間臨睡之前（容易睏著）。團體如學校或公務機關，集合全體人員，用作早操練習，費時不過數分鐘，得益匪淺！

乙、功　效

①穩健步武。

②增長氣力。

③強壯筋骨。
④活潑軀幹。
⑤幫助消化。
⑥卻除疾病。

丙、要　點

①要有恒心。
②毋急求見效。
③心神要一致。
④肌肉要放鬆。
⑤忌用剛勁猛力（參閱篇首插圖）。
⑥術語常要默誦。

⑦動作快慢要調和。

⑧姿勢動作要求正確。

「八段錦」在初練習時，宜用分段練習，到後來可按本人的能力所及，連續數段行之。

「八段錦」在初練幾個星期內，四肢和腰腹各部的筋絡，一定難免痠痛。學者萬弗因是畏縮輟練，極應堅持信心，繼續進行，一月後自能消除痠痛，而功效也得顯見。

「八段錦」練習地點，最好是在戶外，選擇空曠多植樹木的所在。若是在室內，立近視窗，宜擇空氣流通的地位。倘遇居處環境上有所不便，如住閣樓，或亭子間，借鋪位的熱心健身的同志們，就改在臥床上行練，亦無不可。因為他，比較不練的，要勝過幾十倍呢！

「八段錦」在臥床上練習，第一第八兩段，直立改為伸腿坐，第三第四兩段，改為盤腿坐，第六段改為仰臥，其餘第二第五第七三段，可以照平地上樣練法，也無妨礙。「床上八段錦練習法」，附述在每段之後。

「八段錦」的練法，可分做快練、慢練兩種，快練的標準：每分鐘約行五六十動；慢練則隨人所喜，大約一個動作的起止，相隔數七個字的時間。

「八段錦」每段練習的次數（一至八八動，為一次）。本無限定，隨個人的能力，與練習的功夫，而增減之。

「八段錦」在練習前二三十分鐘時，略為吃些餅乾，或者鬆軟的麵包和豆漿，或者熱開水一大杯，洗滌臟胃，興奮消化機能。

「八段錦」練習，在開始時，緩步數十，再跑步百餘，以做活動的準備。完畢時，緩步數十，藉舒筋骨，再行深呼吸數十次。在氣候溫和時，可用毛巾浸溫水或冷水，雙手替換執巾摩擦全身。再換乾毛巾，如法摩擦到皮膚紅赤為度，然後穿上衣服。個中佳趣無窮，實驗方知不謬。

八段錦團體操時用的口令：

（上略）「立——正」。「中國體操——八段錦——」

「第一段——兩手擎天理三焦」，「一，二，三，四，五，六，七，八」，「二，二，三，四，五，六，七，八」（此為二八動作的口令。如行練四八動作，可將「七、八」的口令，改為「連做」二字的口令，再續唱「一，二，三，四，五，六，七，八」，「二，二，三，四，五，六，七，八」一遍，或在「二，二，三，四，五，六，七，八」口令後，接唱「三，二，三，四，五，六，七，八」，「四，二，三，四，五，六，七，八」的口令）。

「第二段——左右開弓似射雕——」。餘同前。
「第三段——調理脾胃單舉——手」。餘同前。
「第四段——五勞七傷望後——瞧」。餘同前。
「第五段——搖頭擺尾去心火——」。餘同前。
「第六段——背後七顛百病——消」。餘同前。
「第七段——攢拳怒目增氣力——」。餘同前。
「第八段——兩手攀足固腎——腰」。餘同前。
「還——原」（下略）。

預備姿勢

聞「中國體操——八段錦——」令，

兩腿挺直併緊，腳跟靠攏立正，腳尖向外張開，如「人」字形，兩臂垂在身旁，肩向後引，兩手掌心伏在兩大腿旁。目平視前方（如預備圖）。

註：圖中演式，如側面立，或有半面向側立，都與正面立相同。學者練習時，毋須照圖中所立的方向去練。

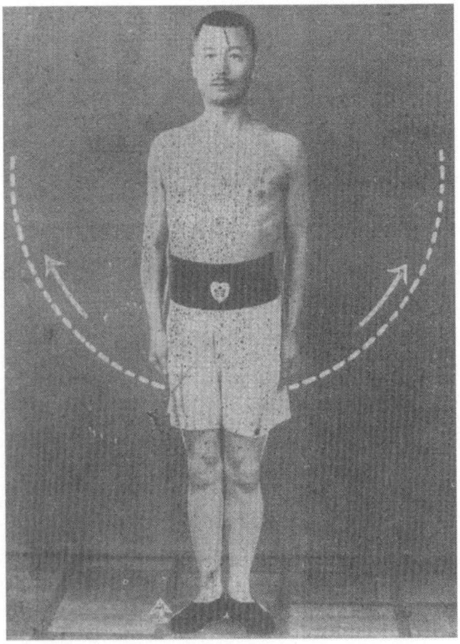

預備圖

要旨——無論何種操練，必須先要端正姿勢，使得心神集中，易見功效。茲摘錄吾國古有健身法的一段話來證明：「（上略）握固神思，屏去紛擾，澄心調息，至神氣凝定，然後依次如式行之。必以神貫意注，毋得徒具其形。若心君妄動，神散意馳，便為徒勞其形，而弗獲實效。

（下略）」

矯正——立正姿勢，要像只弓的模樣，胸部挺起像弓背，背脊筆直像弓弦。頦向後引，頭頂向上，面帶笑容，心抱樂觀。

第一段錦

術語——兩手擎天理三焦。

國醫方亮臣先生按：三焦為胸腔及上下腹腔名稱，《醫經》以三焦為決瀆之官，水道出焉。理三焦者，即增進胸腹諸腔之健康是也。兩手擎天，使胸腹肌膚

一一圖

半面側立因為要表明腳跟提起的姿勢

或弛或張，如是腠理（汗腺）通暢，儘量發揮其泄水（分泌汗液）功能。

操法——聞「兩手擎天理三焦——」令，做預備勢，如預備圖。

聞「一」令，兩臂挺直，從左右兩旁照預備圖的箭形點線，向上高舉到頭頂的上方，兩手十指相間組握，兩腳跟提起，離地約寸許（如一一圖、一二兩圖）。

聞「二」令，十指仍相間組握，照一二圖的箭形點線，兩手掌心向上翻托，臂肘盡力挺直。同時，兩腳跟提起到不可再提的

一二圖

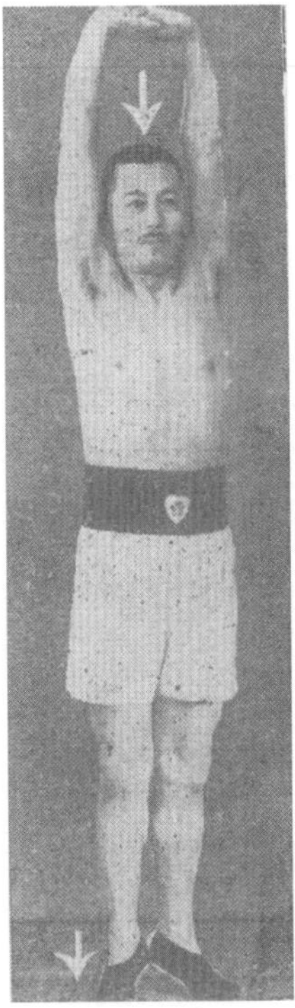

一三圖

部位（如一三圖）。

聞「三」令，十指放開，兩臂挺直，照一四圖的箭形點線，從左右兩旁下垂，胸部挺起。兩腳跟仍舊高高地提起不動（如一五圖）。

聞「四」令，兩腳跟輕輕落地，還復到預備圖的姿勢。

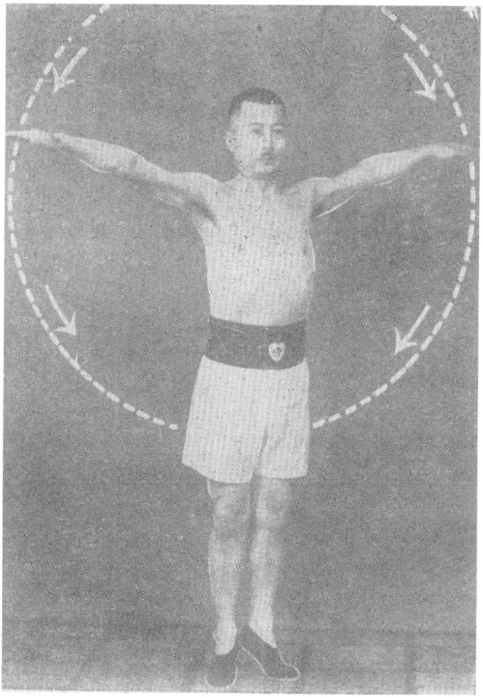

一四圖

一五圖

如法再練三次，完成二八動作；或者再練七次，完成四八動作。

要旨——本段練習，是全身的運動，上從指尖，下到腳趾，沒有一處關節不活動的。

它的功效：是伸長全身筋絡，增強內部諸機構。伏案辦公，時間過久，胸背諸骨節就覺得不舒服。若在這個時間，立近窗口，或者在空氣流通的所在，練習本段的動作幾次，四肢和胸背諸骨節，就會覺著十分的舒暢，精神亦為之振起。俗名叫做「打呵欠」，又叫做「伸懶腰」者，就是骨節受困頓後，求舒暢的舉動和本段的動作相彷彿。因為人們少明體育的原理，反嫌「打呵欠」是一種懶惰的行為，以舉動不雅來阻止人們去做它，是一件可歎的事！

矯正——

「一」、兩臂從左右兩旁舉起，掌心向上，像有重物托在掌上。

十指伸直併緊，指尖正向側方。臂肘用力挺直，慢慢地舉到頭上。十指組握，指尖互相抵住手背。兩大臂貼近兩耳旁。頭向上頂起，膝挺直，腿併緊，腳跟提起勿離開，身體重心作準，不可搖動。

「二」、兩掌向上翻托，須要儘量地托起，彷彿擎住天的一般。腳跟提起到腳尖支地。頭頂隨向上頂起，挺胸，縮頦。

「三」、手指放開時，掌心就翻向下，臂肘挺直，掌底下像有彈力性的東西，用掌心將它慢慢壓向下的模樣。兩腳跟仍提起，不受兩臂下垂的牽動。

「四」、腳跟落地宜輕，重則恐損腦經。

注意——學者初練本段，動作可改從淺易入手：「一」兩臂從左右舉起時，腳跟不必提起。到「二」時，手掌向上翻托，腳跟提起。「三」兩臂下垂，腳跟隨同落地。「四」立正不動（這是「中級八段錦的練法」）。

第一段錦的床上練習法

伸腿坐在床的中央，面朝帳門，背靠近裏床帳子。做「一」、「二」兩動作時，腳尖併合，用力指向帳門，以代腳跟舉起（如床一圖）。

——第一段錦完——

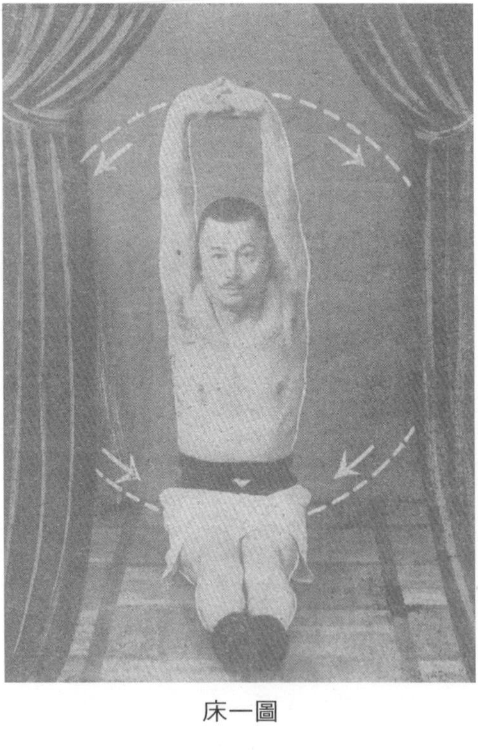

床一圖

第二段錦

術語——左右開弓似射雕。

練法——聞「左右開弓似射雕——」令。

承上一段錦的直立姿勢，兩腳尖併緊（如二一圖）。

二一圖

聞「二」令，右腳向右旁踏出一大步，或者兩腳向左右跳開一大步。其間距離，比較學者的胸膛闊一倍。腳跟弗提起，腳尖正向前方。兩腿向下屈到大腿將平，身體正直，像騎在馬背上的一般。

先將兩大臂向左右平舉，小臂平屈在大臂前。左手五指張開，第一第二兩指節彎曲；右手握拳，食指伸直翹起向上。頭略向前俯，目視右手食指（如二二圖）。

二二圖

然後照二二圖和箭形點線，右拳掌心向右，從肩的平行線上，向右推出，臂肘隨同伸直；左手握拳，臂肘向左挺直，拳掌正對左肩關節，拳孔向上頭旋向右。目視右手食指（如二三圖）。

註：本書動作說明與圖中演式，左右相反，因為便利學者面圖習練起見。

二三圖

聞「二」令，兩腿仍舊做騎馬式。右拳五指張開，彎曲第一、第二兩指節，右臂從右經前方，如二四圖收回屈在肩前；左拳食指伸直，翹起向上。

頭隨右手旋向前略俯下，目視左手食指（如二五圖）。

二四圖

二五圖

然後，照二五圖的箭形點線，左掌心向左，從肩的平行線上向左推出，臂肘隨同伸直；右手握拳，臂肘向右挺，拳掌正對右肩關節，拳孔向上。頭隨左拳旋向左，目視左手食指（如二六圖）。

聞「三」令，與「一」令的動作相同（如二七圖、二二圖、二三圖、三圖）。

二六圖

二七圖

聞「四」令，與「二」令的動作相同（如二四圖、二五圖、二六圖、三圖）。

如法再練三次，完成二八動作，或者再練七次，完成四八動作。

要旨——本段的術語，叫做「左右開弓似射雕」。學者在練習的時候，須要表演出這種情狀，模仿騎在馬背上，向左右兩旁開弓，瞄準射雕的一副神氣。所以本段不僅活動四肢與首胸背部的肌肉，就是心神方面，也在鍛鍊之例。

騎馬式，在國術中叫做「坐馬式」，又叫做「馬步」，這是北派國術中的術語；南派國術中叫做「四平步」，又叫做「地盆」、「地盤」等；湘、蜀、黔、楚等處，叫做「站樁」。

騎馬式，有一字騎馬式（如二八圖）、八字騎馬式（如二九圖）、介字騎馬式（就是川字騎馬式）的分別，是國術中最緊要練習的動作。

本八段錦的騎馬式，採用介字騎馬式。因其姿勢端正，練習不難，且能免除平常兩膝蓋向外張開，和腳尖養成八字步走路的不良姿勢。

二八圖　一字騎馬式

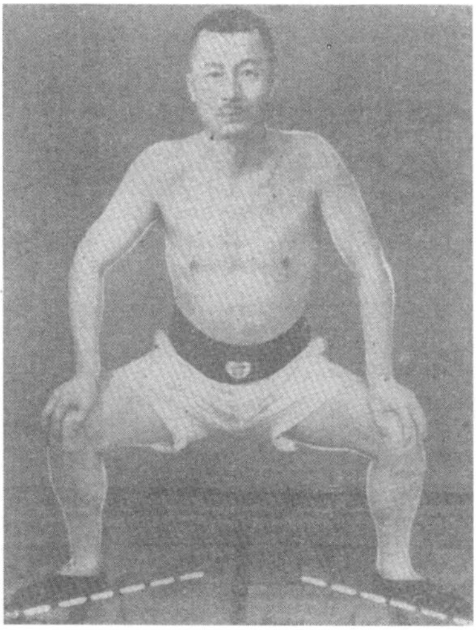

二九圖　八字騎馬式

矯正——騎馬式的站法，兩腳向左右分開一大步。同站在一條線上，不可前後參差。腳的中指尖正對前方，腳跟正對後方。兩腳的距離，比較胸膛闊上一倍，大約在二尺多一些，看人的身材高矮，略有出入。要知道它闊狹的正確，可用兩臂平屈在肩前，十指相間組握，肘尖與膝蓋合成一長方形的四點角（如二十圖）。

大腿下屈，不宜過低，也不宜過高，它的高低標準，從臀部到腳跟成一九十度的直角；或者，臀部與膝彎成水平線，膝蓋與腳尖成一垂直，切勿傾出腳尖線外，如二十一、二十二兩圖的點線。

二十圖
肘尖與膝蓋合成一長方形的四點角

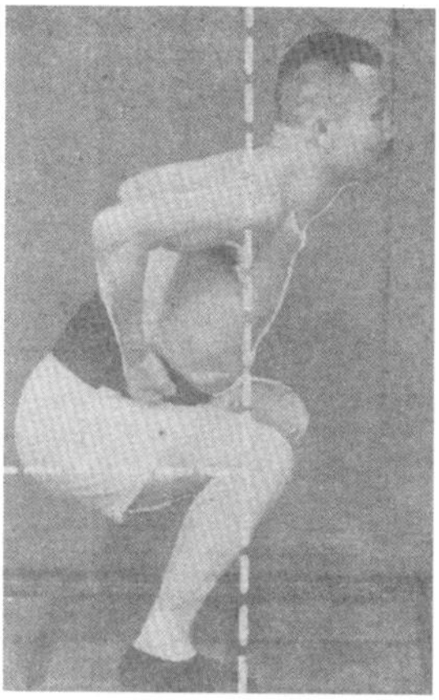

二一圖
馬式不宜過低

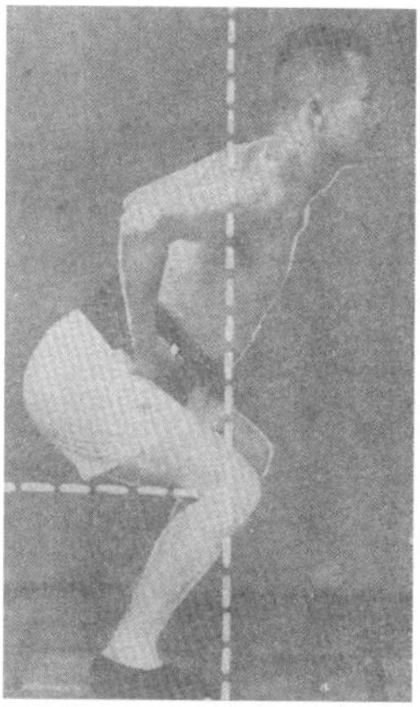

二二圖
馬式不宜過高，肩胛與膝蓋線切勿傾出腳尖外。

「一」、左手五指張開，用力彎曲第一、第二兩指節，像抓握鐵球的模樣，仿做拉住弓弦（如二十三圖），然後手指用力屈握成拳，左臂肘尖向左方儘量頂去，仿做握緊弓弦引張滿月勢；右手食指（俗名叫做指人指頭）翹起，指尖向上，餘指屈握做拳，大拇指貼在中指第二指節上，向右推出時，須依照肩膀的水平線，拳掌移向正右方，臂肘先引向後，然後緩緩地伸直，脈部向下，仿做推弓背向右張開滿月勢，食指翹起，與小臂成一九十度的直角（如二十四圖）。

目先注視左手握拳，次注視右手食指。右臂拳向右推出，左臂肘向左頂出，使胸膛開展。背脊正直，肩勿向前傾出，呼吸照常，切忌將氣閉緊。

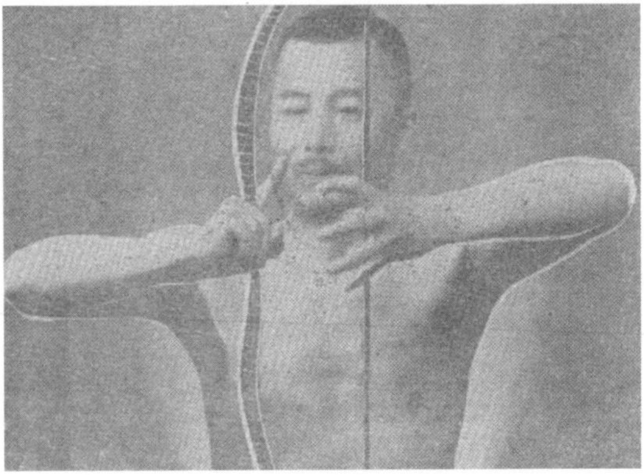

二三圖
左手五指張開，像抓握鐵球的模樣。

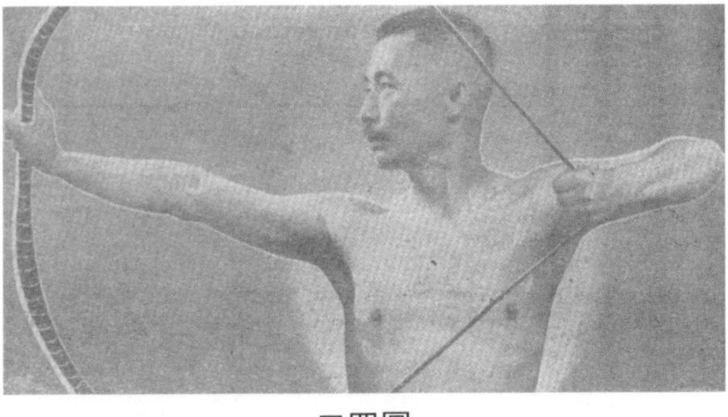

二四圖
左臂肘向左方儘量頂去，仿做握住弓弦引張滿月勢。

「二」、右手五指先在右方盡力張開，從右經前方，依照肩膀的平線上收回，平屈在胸前，掌心向內，先彎曲第一、第二兩指節，再用力抓握成拳，臂肘向右側頂去，仿做拉住弓弦引張滿月勢；同時，左手食指翹起，從肩膀的平線上向左推出。與「一」同，不過左右相反。

注意——學者初練本段，宜先將騎馬式的姿勢，練到正確之後，方可兼行左右開弓的動作；否則，同時練習，困難較多；或者每至「四」、「八」，膝伸直立起，兩臂下垂休息；「五」做騎馬式，向左開弓行之（**這是中級八段錦的練法**）。

初練騎馬式的法則，分述於下：

（甲）將身站在壁前一步的地位上，兩腳分開，屈膝做騎馬式。頭肩背臀各部，都倚靠在牆壁上（**如二十五圖**）；或者肩背靠在書桌邊沿，藉作支持。

（乙）站在坐椅前一步的地位上，將尾骨部份坐在椅邊沿，兩膝屈做騎馬式（如二十六圖）。

二五圖
半騎馬式，或者倚靠在牆壁上做騎馬式。

二六圖
將尾骨部份坐在椅邊沿，兩膝屈做騎馬式。

(丙)大腿稍為向下屈一些，照本八段錦的騎馬式，減少屈一半，叫做「半騎馬式」(如二十五圖)。

(甲)、(乙)兩法，習練數月，腿力增加，便能逐漸離開支持物，獨立地做騎馬式。(丙)法，習練有久，兩腿逐漸向下屈到正式的騎馬式了。

第二段錦的床上練習法

面對帳門，照平地上的方法操練，或者盤腿坐在床中央，代替騎馬式。

——第二段錦完——

第三段錦

術語——調理脾胃單舉手。

國醫方亮臣先生按：脾胃為消化器，且脾又能製造赤血球，胃在體內蠕動，磨化食物。單舉手動作，係伸縮脅肋、腰際肌肉，從而促進胃壁之蠕動，增加消化之效率。

練法——聞「調理脾胃單舉——手」令，承上一段錦末一動「八」令的姿勢，右腳收回靠在左腳旁，或者兩腳跳攏，膝直腿併緊，腳

圖一三

尖分開如「人」字形。兩臂垂在身旁，脈腕彎曲，兩手十指併緊，指尖翹起向前，掌心向下，指尖與小臂成一九十度的直角，大指貼在大腿旁（如三一圖）。

聞「二」令，右臂照三一圖的箭形點線，從右旁向上高舉，掌心盡力向上托起，五指仍併緊，指尖向左；左臂不動，仍垂在身旁（如三二圖）。

三二圖

聞「二」令，照三二圖的箭形點線，右臂從右旁下垂，掌心盡力向下按，指尖向前，大拇指緊貼在右大腿旁；同時，左臂從左旁向上高舉，掌心盡力向上托起，指尖向右（如三三圖）。

聞「三」令，與「一」令的動作相同（如三二圖）。

聞「四」令，與「二」令的動作相同（如三三圖）。

如法再練三次，完成二

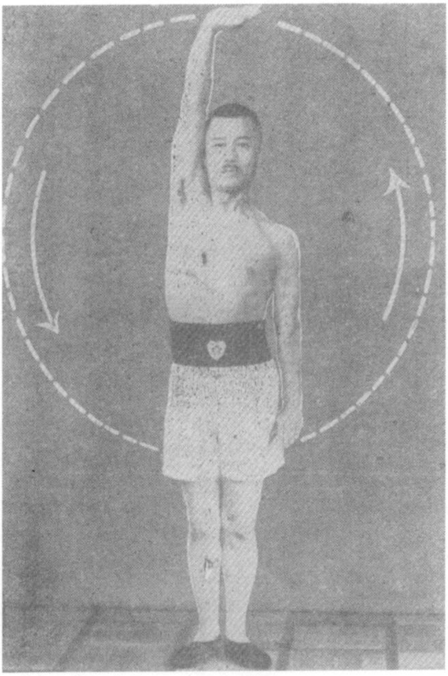

三三圖

八動作，或者再練七次，完成四八動作。

要旨——本段主要運動，在肩、背、腕、脅肋諸關節。功效是調理脾胃，增強消化機能。

矯正——一臂舉起，一臂下垂，快慢須要調勻。肩正背直，胸部挺出。兩臂上下交換時，掌心正向側方，臂肘用力挺直，指尖與小臂始終成一九十度的直角（如三四圖）。頭與肩切勿隨臂擺搖。在上之臂，掌心向上，像托住天的一般；下垂之臂，掌心向下，像按住地的一般。

注意——學者初練本段，先從右臂上舉與下垂，次換左臂上舉與下垂（這是中級八段錦的練法）。

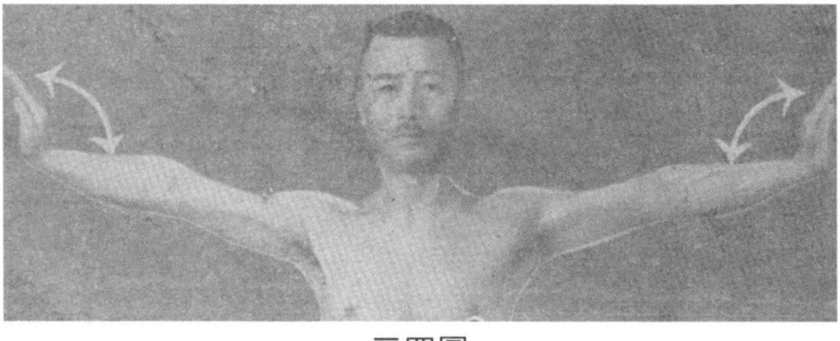

三四圖

純熟後，照法習練。因為初練兩臂上下交換，容易使身體搖擺。

第三段錦的床上練習法

坐的方向，與第一段錦相同。不過伸腿坐，改做盤腿坐在床的中央（如床二圖）。

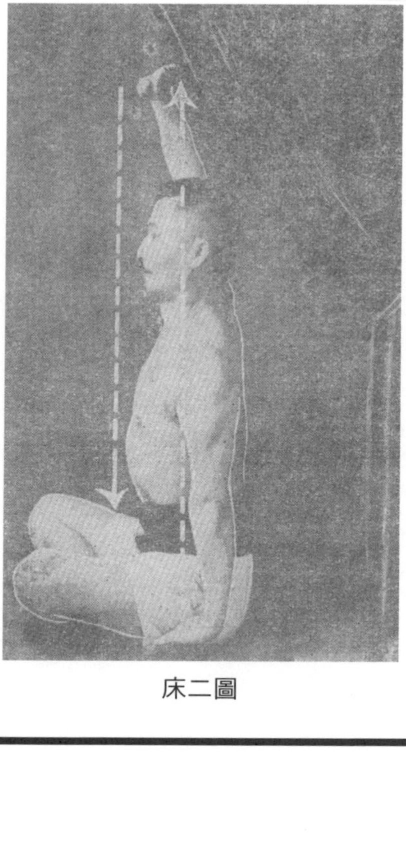

床二圖

——第三段錦完——

第四段錦

術語——五勞七傷望後瞧。

國醫方亮臣先生按：五勞七傷，即五臟之勞，七情之傷。其說始於《巢氏病源》，即虛勞是也。虛勞之因，由氣血耗竭而然。大凡養氣血者，莫貴養神。望後瞧動作在目，目乃精神之會，如是神不游移，氣血得養。此與靜坐運氣功相較，誠有異曲同工之妙。

操法——聞「五勞七傷望後——瞧」令，承上一段錦末一動「八」令的姿勢，左臂從左旁下垂，兩手掌心緊貼在兩大腿旁（如預備圖）。聞「一」令，兩肩向後挺，頭徐徐儘量地轉向右方，目注視背後（如四一圖）。

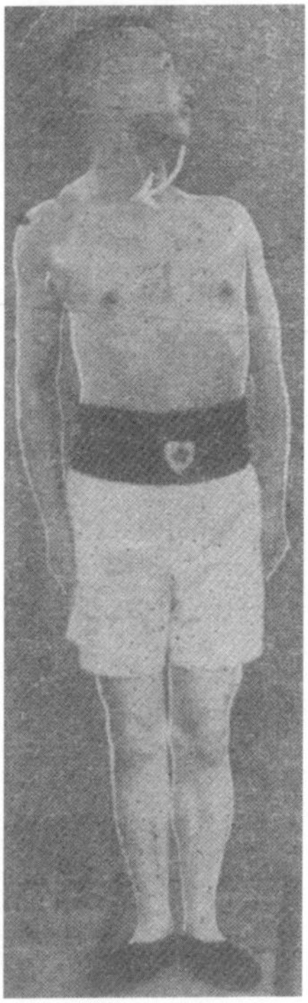
四一圖

聞「二」令，兩肩還復原狀。頭轉向前方，目隨注視前方（如預備圖）。

聞「三」令，與「一」令的動作相同，不過頭向左轉（如四二圖）。

聞「四」令，還復立正姿勢（如預備圖）。

如法再練三次，完成二八動作；或者再練七次，完成四八動作。

要旨——本段是頭和胸的運動。大凡人們伏案辦公，或者久坐看書的時候，頭部一定傾向前方，胸廓因之壓迫，背脊彎曲。若不拿運動來矯正這種弊病，久後呼吸量會減小，消化力變衰弱，疾病容易發生。本段運動的功效，就是能夠矯正以上所說的弊病。

矯正——頭部向左右旋轉的度數，越向後越好。兩臂要挺直，手掌要緊貼在大腿旁，避免頭向側轉時，牽動相反方向的肩膀，傾出前方。頭頸須要挺直。

注意——頭部旋轉宜用柔勁，慢慢地儘量旋轉，切不可用猛力急動，慎防頭眩。

四二圖

第四段錦的床上練習法

承上一段錦床上練習法的坐床姿勢，兩手按在膝蓋上，或者撐在身旁的墊褥上。頭向右（左）旋轉（如床三圖）。

—第四段錦完—

床三圖

第五段錦

術語——搖頭擺尾去心火。

國醫方亮臣先生按：心火為神經興奮之代名詞，以囊時腦之功用不彰。凡一切智慧意識，統屬於心。搖頭擺尾動作，為神經系之運動，功能鎮定神經，是即去心火之說也。

練法——聞「搖頭擺尾去心火——」令，兩腳尖併合（如二一圖）。聞「一」令，右腳向右旁踏出一大步，或者兩腳向左右跳開一大步，兩膝屈

五一圖

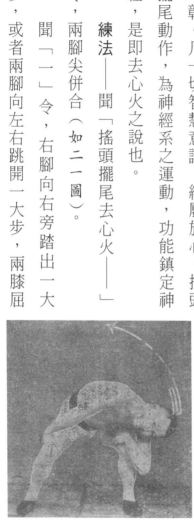

做騎馬式。兩手叉在兩膝蓋上，右臂屈，臂肘儘量向右壓下，上體及頭向右儘量地彎曲，臀部略為向左擺去。左臂挺直，幫助上體向右屈（如五一圖）。

聞「二」令，兩腿仍做騎馬式，上體及頭從右繞向後屈，臀部復原。兩臂挺直，幫助上體向後屈（如五二圖）。

聞「三」令，兩腿不動，上體及頭從後繞向左屈，臀部略向右擺去。左臂屈，臂肘向左壓下；右臂挺直，幫助上體向左屈（如五三圖）。

聞「四」令，兩腿不動，上體

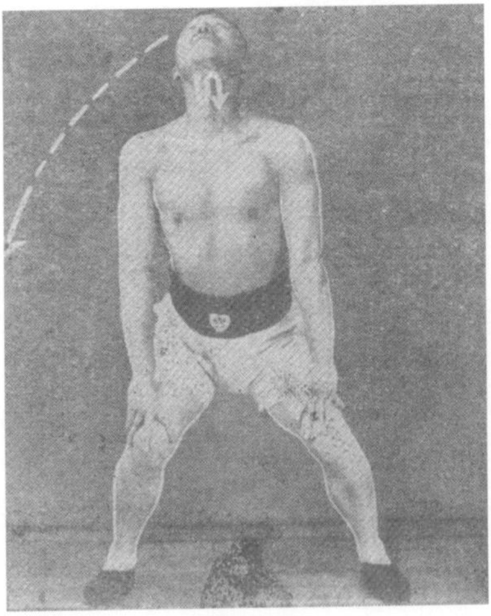

五二圖

及頭部從左繞向前屈。兩臂屈，肘尖頂向前方（如五四圖）。

註：以上四動，上體及頭部從右後左前畫漏斗形。以下四動，從左後右前相反行之。

五三圖

五四圖

聞「五」令，與「三」令的動作相同（如五三圖）。

聞「六」令，與「二」令的動作相同（如五二圖）。

聞「七」令，與「一」令的動作相同（如五一圖）。

聞「八」令，與「四」令的動作相同（如五四圖）。

如法再練一次，完成二八動作；或者再練三次，完成四八動作。

要旨——本段運動的部份，最著力的在首胸、腹腰、脅肋、脊柱、臀部諸肌肉。兩臂雖用力屈伸，然而它的肌肉運動比較少些。

本段姿勢，是模仿獅虎蹲坐，既搖頭又要擺尾，動作姿勢不易演習。本八以本段與第二、第八三段，最不容易習練。倘使能夠多加上些功夫練習呢，沒有不「迎刃而解」的。

矯正——兩手叉在兩膝蓋上，胸部仍宜挺出，勿因受兩臂的壓迫，而使胸廓不易擴張。

「一」、「三」、「五」、「七」上體與頭部向側彎曲，須要儘量地做去。在側屈方的一臂，須屈到小臂與大臂的陰面相接觸。肘尖用力向下壓，使小臂貼近小腿的旁邊。相反的一臂，用力挺直，幫助上體與頭部向側方彎曲。頭部要側屈到耳朵貼近肩部。

「二」、「六」頭與胸部向後屈，兩臂肘用力挺直，使肩背儘量地挺向後。頭後屈，口宜閉合，呼吸照常，目注視上方。兩腿的姿勢不變，仍須保持騎馬式。

「四」、「八」上體與頭部向前屈，臀部不宜抬起，宜將胸膛全部份伏下，正對地面，腹部貼在兩大腿的上。頭頂正向前方。兩臂屈到兩頭肌與小臂相接觸，肘尖用力向前頂出。騎馬式須注意到大腿弗使蹲低或提高。

注意——學者初練本段，應該先練頭部向右、向後、向左、向前屈

（如五五圖）（這是「中級八段錦的」練法）；次練腰部向右、向後、向左、向前屈。動作練到純熟後，將頭與腰部的動作，聯合來做。

五五圖
應該先練頭部向右、向後、向左、向前屈。

第五段錦的床上練習法

照平地上的方法操練，或者承上一式盤坐在床的中央，代替騎馬式。

——第五段錦完——

第六段錦

術語——背後七顛百病消。

練法——聞「背後七顛百病——消」令，承上一段錦末一動「八」令的姿勢，右腳收回靠在左腳旁，或者兩腳跳攏，膝挺直，腿併緊，身體起立，腳跟與腳尖都併緊，腳跟提起。兩臂垂在身後，兩手手背伏在臀部的上面。胸部挺起（如六一圖）。

聞「一」令，兩腿併緊挺直，照六一圖的箭形點線，頭向上頂起。兩腳跟儘量

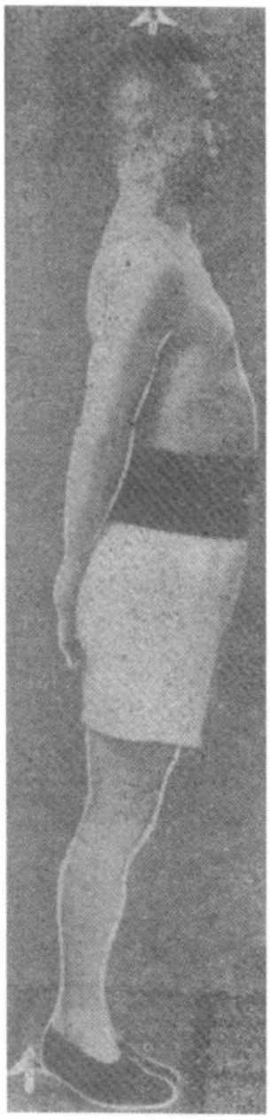

六一圖
此圖側立，因為要表明腳跟起落的姿勢。

地提起到不可再提（如六二圖），隨即還復到兩腳跟離地寸許的部位（如六一圖）；或者使腳尖離地跳起，不過兩膝不可屈；腳尖落地時，腳跟仍須提起不動。

如法練到十六數，完成二八動作；或者再做十六數，完成四八動作。如在集團操練時，「三……八」與「四……八」可令全體人員高聲唱數。

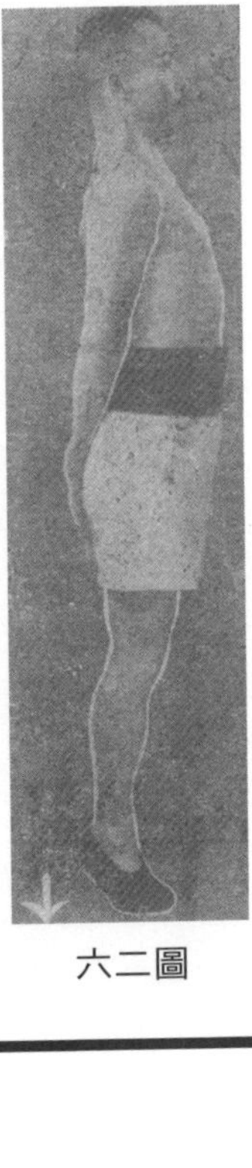
六二圖

要旨——背後七顛，像柔軟體操中的跳躍運動，它的功效能發達全身的彈力性，增強腿部諸肌肉，促進呼吸力與消化機能。

矯正——腳跟提起的高度大約在四寸許，還復原的時候，腳跟並不落地，仍須離地寸許（如六三圖），先如甲的式樣，次如乙的式樣。每一個口令，做甲乙兩種式樣。手背伏在臀部上，兩大拇指在尾骨處相接觸，或者兩相鉤住。胸部挺起，維持全身的平均心，避免在腳跟提高時，身體擺搖。兩膝始終挺直，腳跟高高地提起，全在腳趾上用力，並借頭向上頂的勢力來幫助。

注意——學者初練本段，不妨將腳尖張開立，嗣後將腳尖逐漸併合，因為腳尖的開立與合立，難易有分別。

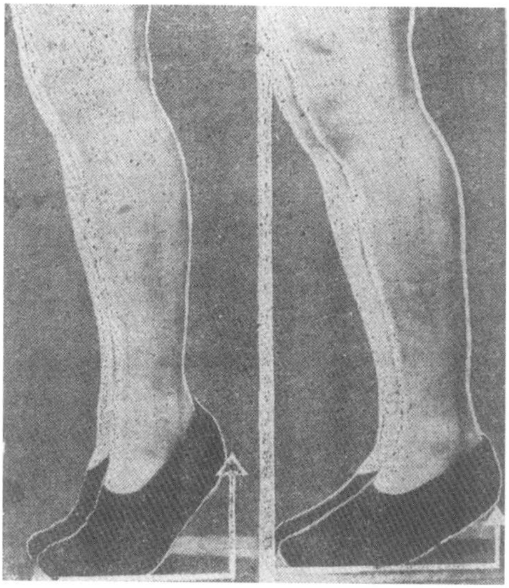

六三圖

仍須離地寸許，腳跟提起的高度大約在四寸許。

第六段錦的床上練習法

仰臥在床上，兩臂相組在胸前（如床四圖）。用肩背與腳跟的勁力，腹部向上弓起（如床五圖）。隨即放平，還複床四圖的姿勢。腹部的起落，以代腳跟的顛動。

初練時，改用兩手撐在床上，幫助腹部弓起。

——第六段錦完——

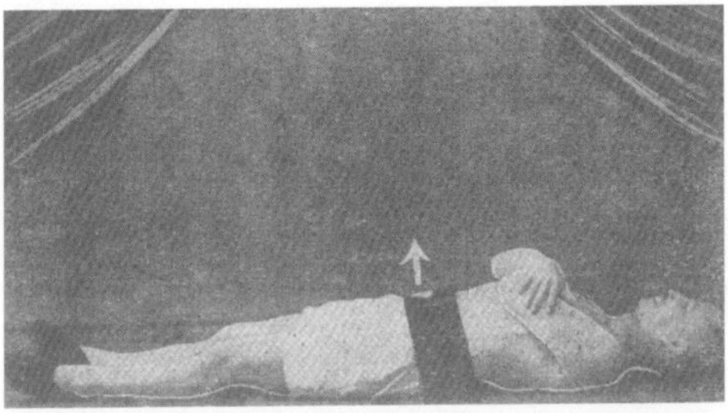

床四圖

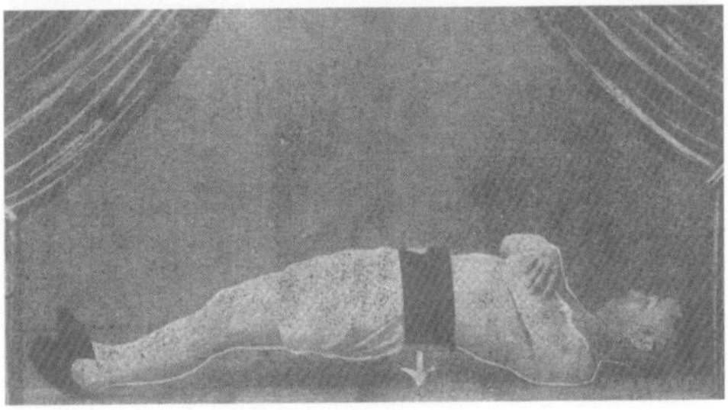

床五圖

第七段錦

術語——攢拳怒目增氣力。

練法——聞「攢拳怒目增氣力」令，承上一段錦末一動「八」令的姿勢，兩腳跟輕輕落地。兩手握拳垂在身旁（如七一圖）。

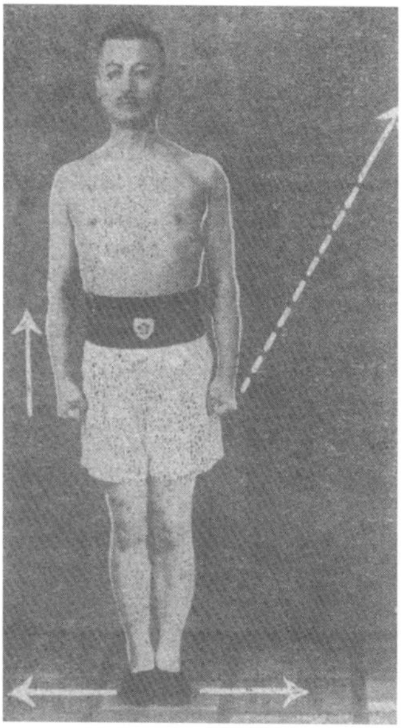

七一圖

聞「一」令，右腳向右旁踏出一大步，或者兩腳向左右跳開一大步，兩膝屈做騎馬式。

右臂拳向右平伸，左臂拳屈在胸旁，小指邊貼在腰間，引肘向後。胸挺，頸直。怒目虎視前方（如七二圖）。

七二圖

聞「二」令，兩腿不動，仍做騎馬式，照七二圖的箭形點線。右臂拳從右方收回到右腰間，引肘向後，左臂拳向左伸。目仍虎視前方（如七三圖）。

七三圖

聞「三」令，兩腿不動，仍做騎馬式，照七三圖的箭形點線。左臂拳從左方收回到左腰間，引肘向後，右臂向前平伸。目仍虎視前方（如七四圖）。

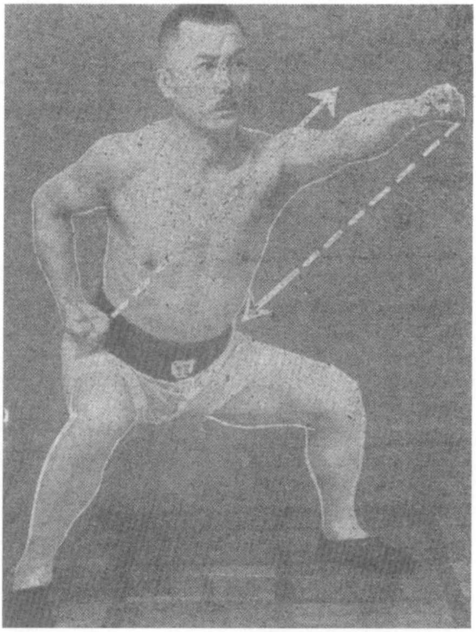

七三圖
此圖要表明前伸拳的姿勢，所以半面向側。

聞「四」令，兩腿不動，仍做騎馬式，照七四圖的箭形點線。右臂拳從前方收回到右腰間，引肘向後，左臂拳向前平伸。目仍虎視前方（如七五圖）。

如法再練三次，完成二八動作；或者再練七次，完成四八動作。如在集團操練時，「三……八」與「四……八」，可令全體人員大聲唱數。

七五圖

要旨——怒目注視，是鍛鍊目力的一法。所以練習本段的動作，律應雙目圓睜，像虎目般的凶視，像金剛神像般的怒目，注視前方（如七六圖）。呼吸宜照常，切勿將氣閉住。

矯正——伸拳與收拳，最緊要的是在用柔軟勁，切忌用剛勁猛力，

七六圖

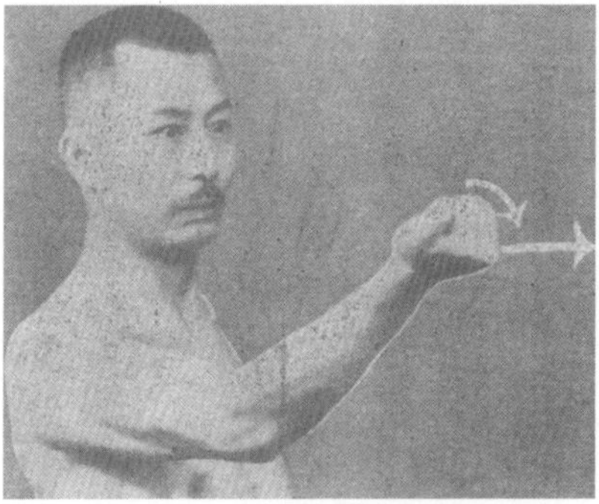

七七圖
陰翻陽的伸拳與收拳。

如篇首的插圖，是不相宜的。臂的一伸一屈，快慢要平均。拳伸出時，先拳掌向上，從肩膀的平線上伸出，到臂將伸直時，拳掌隨即旋向下，在國術中名稱叫做「陰翻陽」（如七七圖）。拳收回時，先將拳掌旋向上，引肘向後，拳收到腰間，小指緊貼在肋下。兩肩要平正，勿抬起。臂前伸時，肩勿隨前傾，頸直胸挺。

注意——初練本段，先練兩臂屈在兩旁，拳放在腰間。怒目前視。兩膝屈做騎馬式。次練一臂伸屈，練到姿勢正確，動作純熟，即可照法練習。

第七段錦的床上練習法

照平地上的方法操練，或者盤腿坐床的中央，代替騎馬式。

——第七段錦完——

第八段錦

術語——兩手攀立固腎腰。

國醫方亮臣先生按：醫經稱腎為封藏之本，精之處也，蓋以腎為生殖系主宰，今知其為排泄器官。惟腰腎部位，有生殖器官之繫著。兩手攀足，著力在腰；腰之活動影響，生殖系諸器官之發育，所謂固腎腰者，即殆指此耳。

練法——聞「兩手攀立腎體——腰」令，承上一段錦末一動「八」令

八一圖
面向側立，因為要表明上體向前後屈的姿勢。

的姿勢，右腳收回靠攏在左腳旁，或者兩腳跳攏立正。兩臂下垂，手掌伏在大腿旁（如預備圖）。

聞「一」令，上體向前深屈，膝挺直勿屈，腳尖蹺起。兩臂下垂，用手握住腳尖。頭略為抬起（如八一圖）。

聞「二」令，休止不動，或者上體再向前下屈擺動一次（如八二圖），隨即還復到八一圖的姿勢。

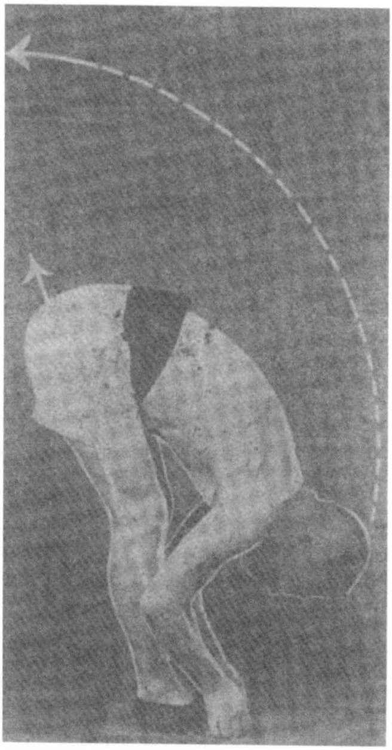

八二圖

聞「三」令，上體照八二圖的箭形點線，從前起向後屈。兩手叉在背後（如八三圖）。

聞「四」令，休止不動，或者上體再向後屈擺動一次，如八四圖，隨即還復到八三圖的姿勢。

如法再練三次，完成二八動作；或者再練七次，完成四八動作。

要旨——本段的動

八四圖

八三圖

作，在初練的時候，一定不能依照方法做得到的。因為平常人的兩膝關節，大都彎曲。膝彎韌帶缺少向上伸長的機會。所以上體前屈，膝蓋挺直，用手攀住腳尖，初學的人，是一件不容易做到的事。不過練習有久，不難如願。諺云：「若下工夫深，鐵杵磨成針。」

矯正——上體前屈，頭抬起，目注視腳尖前的二尺地面。兩手手心相對，虎口向前，握住腳尖。上體再向前屈動，兩肘尖引向側方。上體後屈，頭應當跟著上體向後，下頦縮緊，兩臂肘尖引向後。兩大拇指併合在上，抵住脊柱，幫助腹部向前凸出，小指邊併緊在一處，八指的指尖向下，

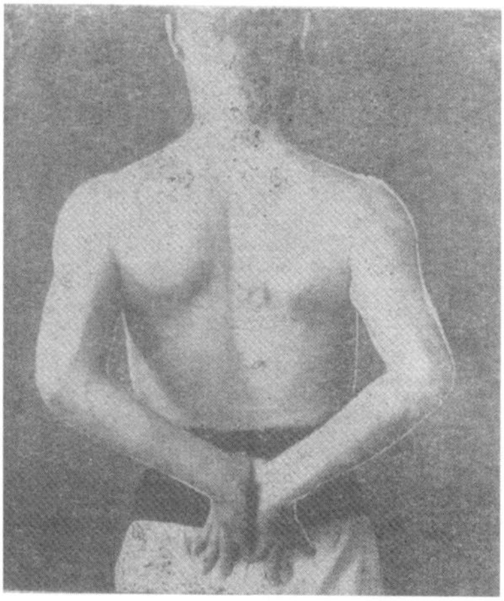

八五圖
兩大拇指併合在上抵住脊柱，
八指指尖向下抵住臀部。

抵住臀部，維持上體向後彎勢（如八五圖）。

注意——初練本段，設如攀不到腳尖，不妨改為兩腳向左右分開一步立，兩手握著小腿（如八六圖）；或者握著腳踝骨（如八七圖）；或者用指尖觸地（如八八圖），不過膝蓋仍

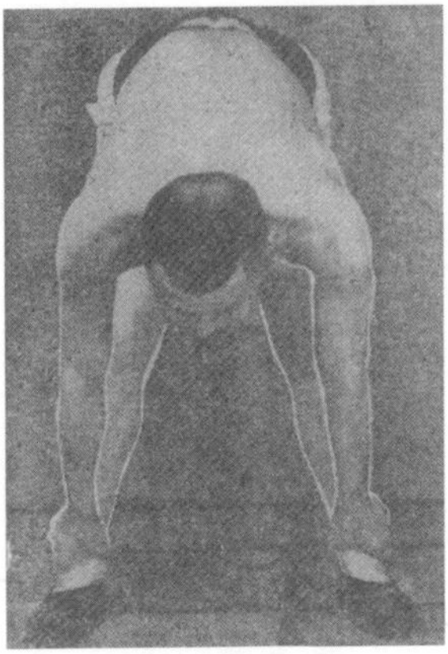

八七圖
兩手握著腳踝

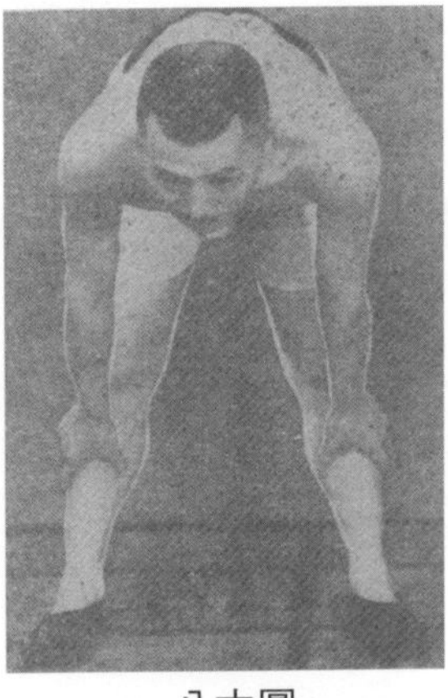

八六圖
兩手握住小腿骨

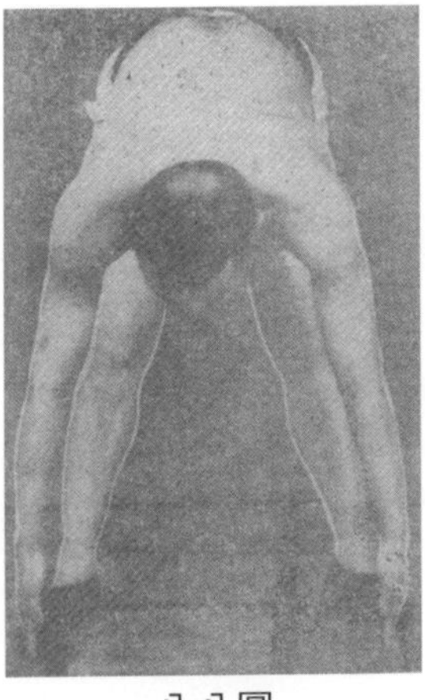

八八圖
用指尖觸地

須挺直。練習有久，腹部腿部諸筋絡伸縮靈動，兩手自然能攀住腳尖。然後兩腳的距離逐漸縮小，上體後屈。

初練時，用手撐在椅背上面（如八九圖）；或者案桌邊沿上做，是亦維持後屈的一法。

八九圖
兩手撐在凳背上面，做上體向後屈。

第八段錦的床上練習法

上體坐直，兩腿伸直。「一」、「二」上體向前屈部位上擺動兩次，兩手攀住腳尖（如床六圖）。「三」、「四」兩手撐在身旁墊褥上，上體向後屈的部位上擺動兩次（如床七圖）。

——第八段錦完——

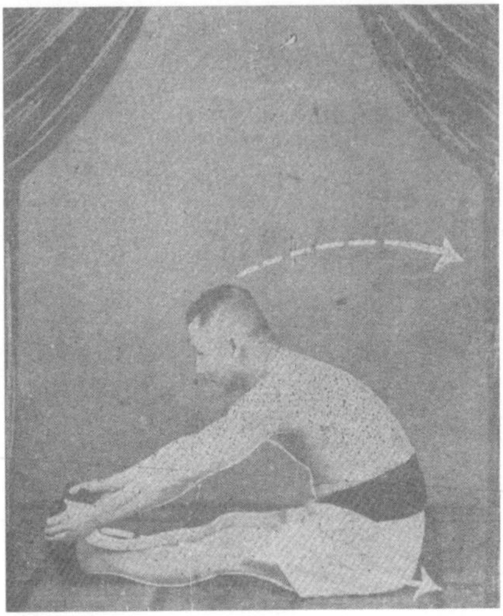

床六圖

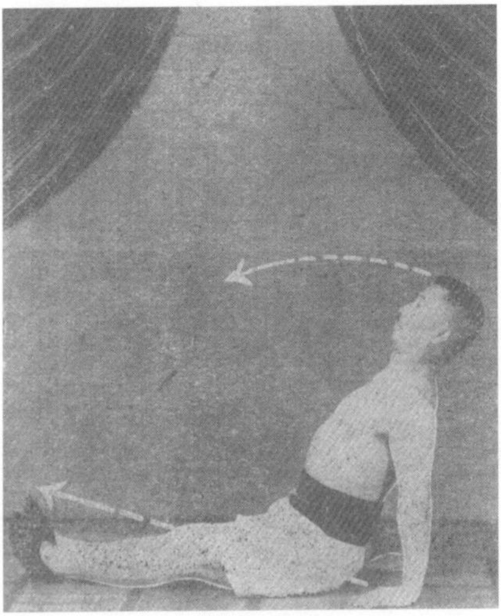

床七圖

深呼吸

聞「還——原」令，上體復正，兩臂下垂立正，還復預備圖的姿勢。緩行數十步，再行深呼吸十數次。

聞「深呼吸預備——」令，兩腳向左右分開一步，兩手叉腰，或者兩手撐撫在胸前（**如呼圖**）；或者兩臂從前向上舉，側面下垂等動作，幫助吸氣和呼氣。

呼圖
引肩向後，手指輕拍胸膛，挺胸吸氣。

聞「吸——」令，引肩向後，指尖輕拍胸部，胸部挺起，引肘向後，氣從鼻孔收入（如吸圖）。

吸圖
手指停拍，或者上體微俯，手指拍背，縮胸呼氣。

聞「呼——」令，胸腹與肩部，慢慢地還複原狀。氣從鼻孔緩緩地呼出（如呼圖）。

註：深呼吸的詳細說明，可參閱上海商務印館部版的《實驗原呼吸練習法》。「八段錦」要想進一步練習，可參閱《新編八段錦》。

——八段錦增訂本完——

全書一冊：（外埠酌加郵匯費）

編著者　王懷琪

發行人　顏聽濤

印刷者　國光書店

出版者　國光書店

經售處　全國各大書局

總發行所　上海山東路一二八衖　國光書店

中華民國三十六年四月再版

母拳拳功

緒言

處在這個人類互相殘殺的時代，生命的寄生，常在技能的不知不覺之間，人類要求生存，便須集合某一民族的心意，致力於集體的安全，所以要求大我的生存，便須自我出發，自力更生，以適應環境。

東浙具有數千年文化的歷史，文事武備的修明，早有事實的昭示，當此民族存亡生死的關頭，國家有還戍禦邊的權利，人民便應盡服役的義務。吾越自實施社會軍訓以來，大多數國民都已武裝，抱著敵愾同仇的朝氣，誓願效死疆場，執干戈以衛社稷，為民族求生存。

可是返觀自從徵兵以來，一般國民志願從戎而因體格的不合者甚多，致救國熱誠，有心餘力拙之歎。詎不知這種民族武力汩滅的由來，不是傳統的而是時間的問題。

我們看，楚漢戰爭時的項羽，江東八千子弟兵，縱橫海內，所至無敵，充分表示浙東健兒的身手；越王勾踐含垢忍辱，十年生聚教育的結果，卒能沼強吳而霸天下，戚繼光練兵疏中，有：「寇入平原利車戰，在近邊利馬戰，在邊外利步戰，三者迭用，乃可制勝。今邊兵惟習馬耳，未嫻山戰林戰谷戰之道也，唯浙兵能之。願更予臣浙東殺手炮手各三千，再募西北壯士，足馬軍五枝（校點：疑為「支」），步軍十枝，專聽臣訓練。」

極言浙兵的可用，其鎮守薊州（校點：薊鎮，又名薊州鎮，今名薊縣，為明九邊重鎮之一）、永平、山海時，邊軍不知軍令，迨浙兵三千至，陳郊外，天大雨，自朝至日昃（校點：太陽偏西）直立不動。邊軍大駭，自是始知軍令，於是其兵精堅雄壯。可知東浙國民，本來有勇敢的精神，健全的身段，和紀律的服從，加以正規的訓練，遂可蕩寇滅倭，建保衛民族的功勳。

現在強寇依恃著飛機、大炮和坦克車，侵佔我土地，殺戮我同胞，劫掠我財產，非至中國亡國滅種不止。我們為保衛國家民族而抗戰，已抱定犧牲的精神，大家起來站在最前線，做抗日自衛的工作，同時深入敵人的後方，做廣泛的遊擊戰，以為積極的抵抗，致敵於死命。在此場合，便須利用自我出發的技能，才能收勇敢堅強的效果，於是而古董式的國術，便為軍事輔助上的重要條件，所以我們對國術的訓練，便有如下的信條：

一、國術訓練，可以加強體力，肩負抗戰鉅任。

二、國術訓練，可以憑自我的技能，靈敏的態姿，以攻擊敵人。

三、國術訓練，可以博取最後五分鐘肉搏時的勝利。

四、國術訓練，可以在自衛的原則下，推廣至保衛國家。

五、國術訓練，可以激發國民尚武的精神，造成抗戰時堅強的壁壘。

本館主持全縣國術訓練事宜，已達六週，平時為著怎樣才可合於上述各條的要求的慾望，覺得僅靠著自我訓練的不夠跟著這樣嚴重時期的進展，認為適應非常需要的國術，作普遍的宣導，便非釐定一種進度最速、成效最著的國術教材不可。本館本此信仰，爰有戰時國術教材的選擇和撰述。

教材的選擇甚難，而求其切合於實用的教材更難，尤其是火器和科學的時代，根本談不到已落伍的古代國術。雖然國術的功效，還能在戰場上博得最後決鬥的勝負，然而怎樣才能合乎這必需的要求和適應游擊技術，則教材的邏輯，便含有很重要的意義。

戚繼光將軍說：「今之鄉兵，狃於平昔所習武藝之蔽，不信師教，遂誤大事者甚多。」又說：「當於經籍中採其精華，師以意而不泥，實事中造其知識，衡於己而通變，推而進之於真武，直取上乘。」就是說，要求真正的學問，必須有正統的傳授；狹聞摭取，臨事必不適用。

近來國術人員，略知皮毛，率爾施教，訛以傳訛，不但無益，實妨礙整個訓練的目的，所以在此國術訓練目標徬徨的時代，不能不有一個中心的教材，作中流的砥柱。

這一本小冊的敘述，我們認為教學的可以教用，而欠缺的，在編譯時，因著時間的關係，不能把使用法作詳細的解釋，實為遺憾的事，好在我們正在繼續的審編中，或須時間允許的話，再來一個使用法的說明，為教學者參考。

曾壽昌於紹興縣國術館
二七・九・三十

編者自序

在這全面抵戰時期中，要求得最後勝利，就須要發動民眾，訓練民眾，使全國民眾都武裝起來，成為抗敵的生力軍，那麼，發動和訓練的項目，除了授以軍事的、政治的各種實際智識外，同時對於國術也應該要同樣的訓練，我們可以概略地分兩點來說。

第一點，大家都知道這次抗戰的中心戰略是發動擴大的游擊戰，同時都曉得游擊戰的中心任務，是擾亂敵人的後方，破壞敵人的交通，以整化零地去制勝敵人。但是敵人防備得嚴密，是我們意料中的事，要想混入他們的後方，當然是一件困難的事情，所以我們唯一的方法，是赤手空拳，化妝假扮，在敵人的嚴密盤查下，又不能攜帶武器，在這種場合，我們要想制勝敵人，就須有強健的體魄，和殺敵的方法。要想達到這兩點目的，最低的要求，只有練習國術；因為國術，一方面能夠強健體魄，一方面有徒手殺敵的方法，可以利用敵人的武器，置敵人於死命。從這點看起來，可以證明國術在抗戰時期是非常重要的一種技能。

第二點，我們回溯過去一二八滬戰及喜峰口等處抗戰的情形，都知道大刀隊衝鋒陷陣、殺敵致果的利害，敵人的大炮、飛機、坦克車固然可怕，可是我們大刀隊有神出鬼沒的技能，趁其不備，而衝鋒陷陣，這時敵人的飛機、大炮、坦克車根本失去效用，我們大刀隊就以靈敏的手腕，把敵人殺得天花亂墜，手忙足亂，這又可證明國術在抗戰時期中是輔助軍事的一種必要條件。

我們應著戰時國術的需要，為使訓練人員進一步的研究起見，特地編輯這本小冊，名曰《戰時國術教材》，內分拳術、刀、槍三種，動作簡單明瞭，而殺敵的效果很大，是最適合戰時武裝同志閱讀研究的。不過我們對國術並沒有深刻的研究，錯誤的地方，自然很多，希望國術界同志加以指正，這是我們非常感激而榮幸的。

目錄

母拳圖說

董月樓

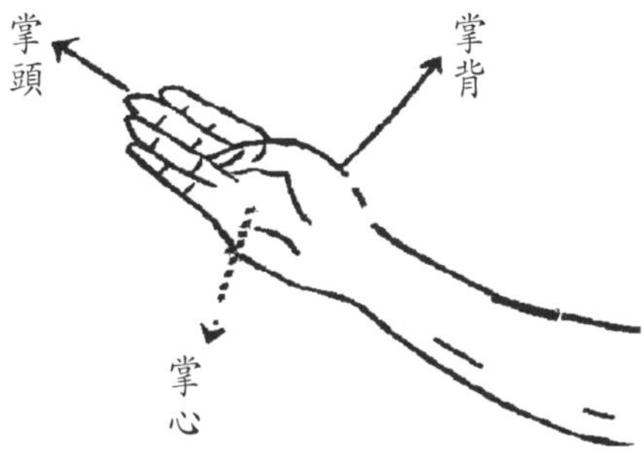

組掌圖

組掌法圖式

大拇指貼住掌心，四指拼實即成掌，掌之尖端為尖，手背稱掌背，手心稱掌心（如上圖）。

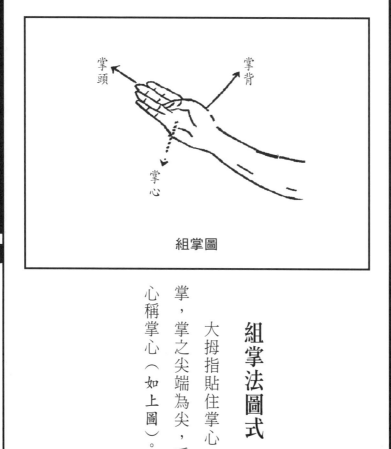

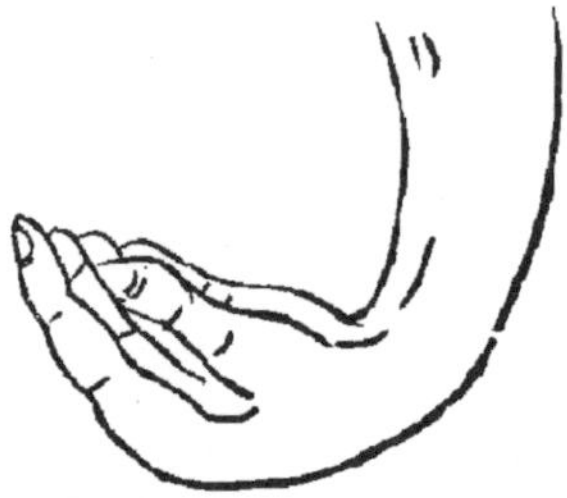

紐鉤圖

紐鉤法圖式

本部拳術之填步窩掌式即用鉤手。

其紐法，將四指紐攏，大拇指扣住各指尖端（如上圖）。

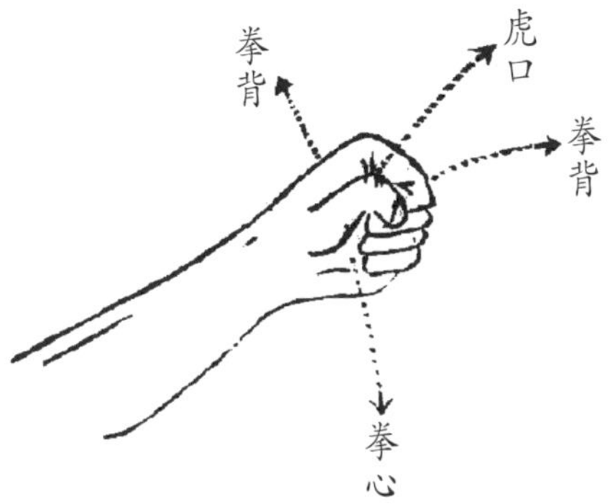

組拳法

組拳法圖式

拳有拳心、拳背、拳尖、虎口之分。組拳後之背為拳背，手心為拳心，大拇指與食指合攏為虎口。

其組法，將四指捲攏，以四平為基準，同時大拇指扣住食、中兩指，即成拳（如上圖）。

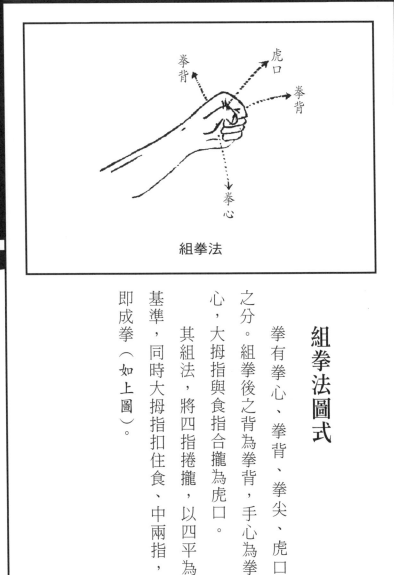

右弓箭馬式圖

左右弓牮馬法

其步法，將右足屈膝成弓式左足牮直，左膝不可屈下，即成右弓箭馬式（如上圖）。

而左弓箭馬式則成反比例（即左足屈膝，右足牮直即成，足與足距離約三尺弱）。

寒雞步圖

寒雞步圖式

在本路「坐盤擠捶」用，不過照上圖是成反此例，右足屈膝，全身重心完全在於右足；左足在右足之前屈膝成虛步，係足尖點地，足跟蹺起，足與足距離約一尺弱（如上圖）。

平馬式圖

平馬圖式

先排開兩足，距離約三尺弱，兩膝屈下，跨當（校點：應為「胯襠」）與膝相平，膝頭與足尖對，身仍保持立正姿勢（如上圖）。

工力拳

董月樓

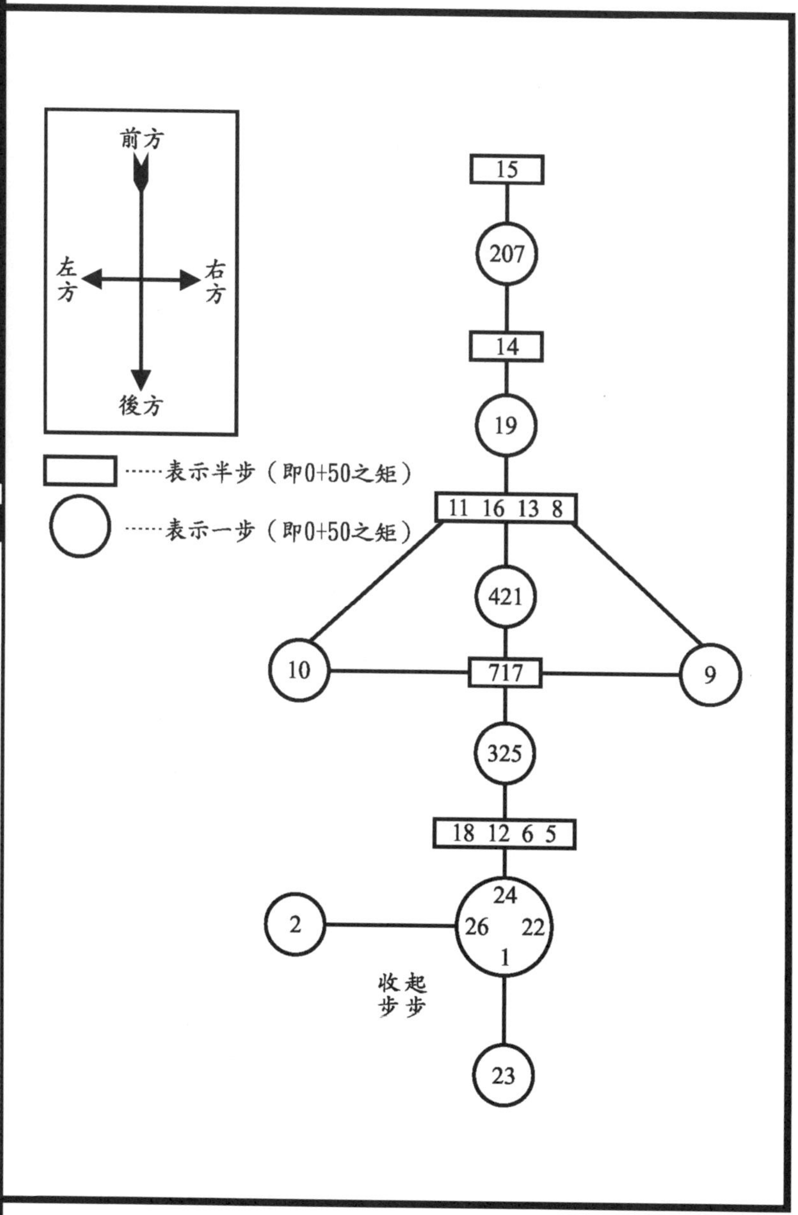
前方
左方
右方
後方
……表示半步（即0+50之矩）
……表示一步（即0+50之矩）
15
207
14
19
11 16 13 8
421
10
717
9
325
18 12 6 5
24
26
22
1
2
起步
收步
23

工力拳說明

戰時國術教材之檢取，這是一件很困難的事，現時比不得從前有，多大的餘暇來研究練習複雜奧妙之技術，而是一個敵寇壓境最後決鬥的時期，所以只需「速成簡單、臨敵應用、防身保命」，以這幾個字為檢取材料的出發點。我們工力拳為戰時國術教材之一種，它具備著上面「速成簡單、臨敵應用」這幾個字的條件。

這路拳術是世傳山東龍潭寺某僧，人名失記，但實與否無從查考，唯在北派拳術中頗居重要地位，就是潭腿門之拳術的一種。南方人本無這路拳術的練習，自從民國以後，有河北人霍元甲先生，來滬設立精武體育會，凡在精武體育會裡的會員，都有這路拳術的練習，因此南方人亦多有練習了。

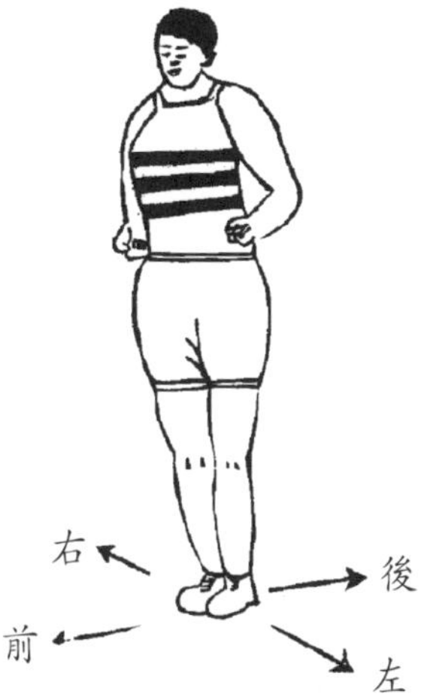

預備

聞「預備」口令，兩手握拳置於腰間，拳心向上。兩足跟靠攏，足尖離開約六十度。目向前平視，成立正姿勢（如圖）。

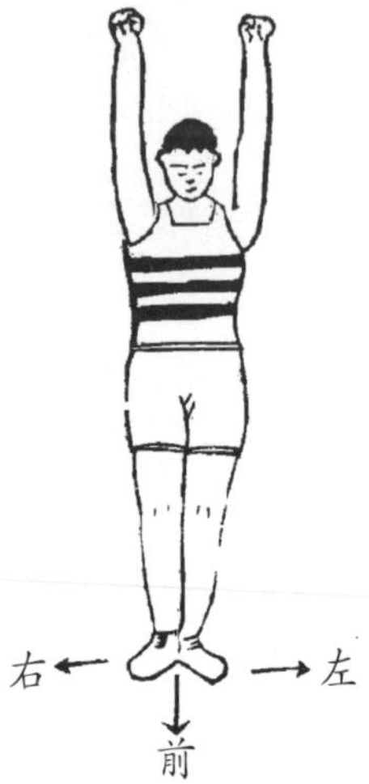

霸王舉鼎　圖一

（一）霸王舉鼎

聞「口令一」，兩拳盡力上舉，拳心向內，伸直後拳心即轉向外方，兩拳之距離以肩為度。目仍向前方平視（如圖一）。

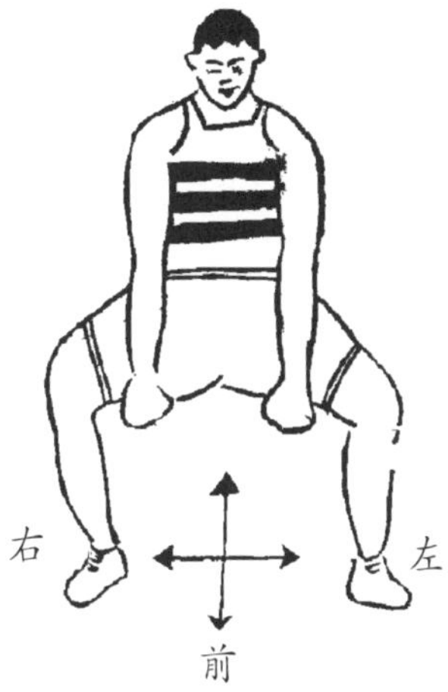

信手頭井　圖二

（二）信手投井

聞「口令二」，兩拳向下沉拳，與耳相平，拳背相（校點：疑為「向」）外，屈肘，肩與臂成水平線。同時，左足向左排開一步，足與足之距離約二尺許，然後兩足（校點：兩腿）屈膝成平馬。

兩拳即向馬襠內投下，拳之距離以肩為度。目注兩拳面，仍向前方（如圖二）。

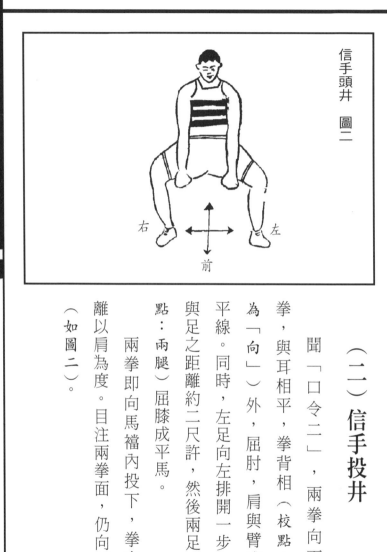

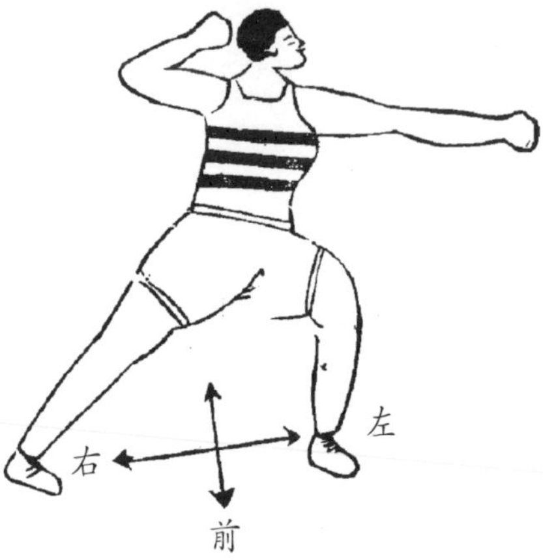

烏龍探海之一　圖三

（三）烏龍探海之一

聞「口令三」，右拳即收回置於腰間，拳心向上；左拳向上撩，屈肘，肩與臂成水平線，拳置於左耳旁，拳心向外。同時，由平馬向左扭轉，左足（校點：左腿）屈膝，右足盡力伸直，成左弓伸馬式。

右拳由腰際向前方打出，虎口向左。目視右拳面，向左方（如圖三）。

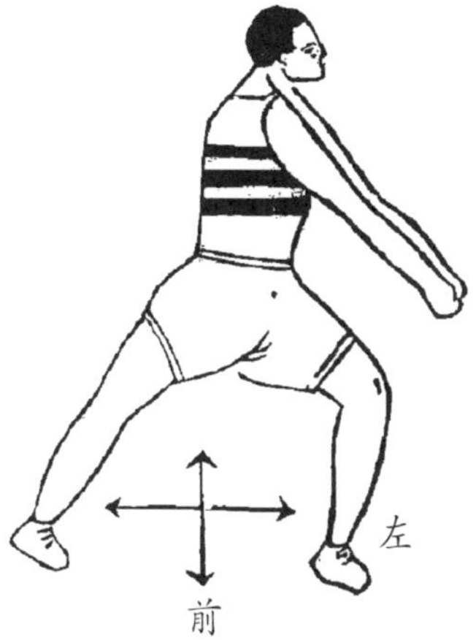

烏龍探海之二　圖四

（四）烏龍探海之二

聞「口令四」，右拳收回置於右耳旁，屈肘，肩與臂成水平線，拳心向外；同時，兩拳向下打出成三十角度，兩臂挺直，拳心向內，拳之距離以肩開為度。目平視（校點：疑缺一「拳」字）面，仍向左方，步馬不動（如圖四）。

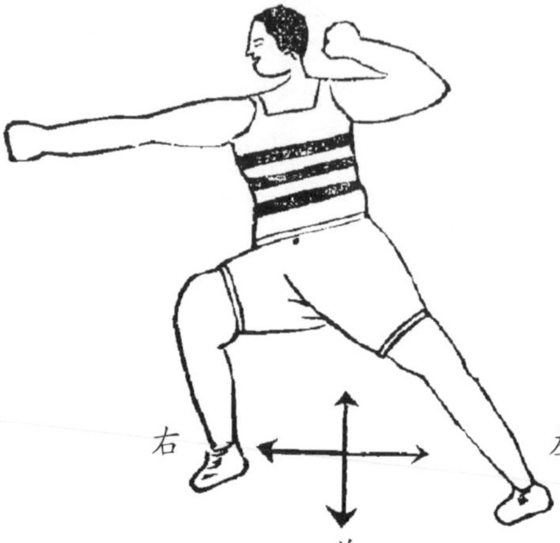

烏龍探海之三　圖五

（五）烏龍探海之三

此式如（一）圖，為烏龍探海成反比。

聞「口令五」，左拳即收回置於腰間，拳心向上；右拳向上撩，屈肘，肩與臂成水平線，拳置於右耳旁，拳心向外。同時，由左弓牮馬式轉身向右，右足（校點：右腿）屈膝，左足挺直成右牮馬式。

左拳由腰際向前方打出，虎口向右。面向右方，目注視左拳（如圖五）。

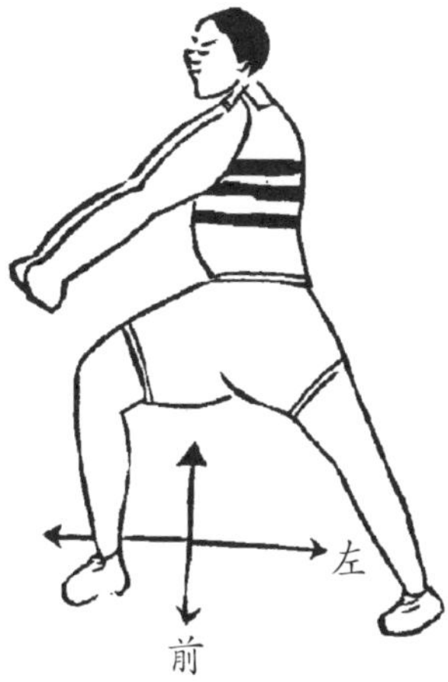

烏龍探海之四　圖六

（六）烏龍探海之四

聞「口令六」，左拳收回置於左耳旁，屈肘，肩與臂成水平線，拳心向外；同時，兩拳向下打出成三十角度，兩臂挺直，拳心向內，拳之距離以肩為度。面仍向右方，步馬不動（如圖六）。

雙護腰拳　圖七

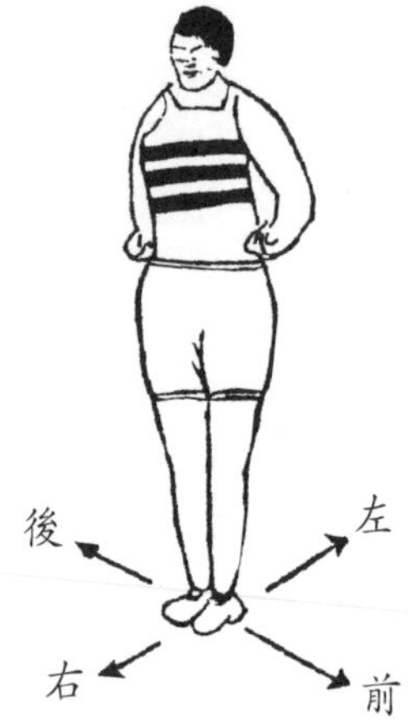

（七）雙護腰拳

聞「口令七」，左足靠攏。兩拳各打一圈，即置於腰間，拳心向上。目注右方，面向右方（如圖七）。

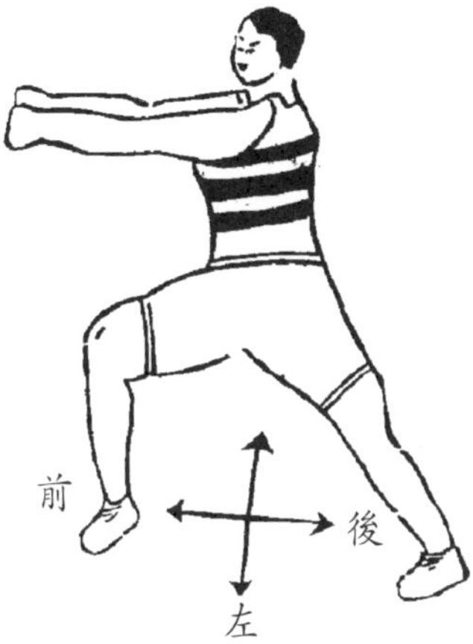

工力端四平　圖八

（八）工力端四平

聞「口令八」，左足向前方排開一步，屈膝成平馬式，身體即向前方扭轉，左足（校點：應為「左腿」，以下同此）屈膝，右足（校點：應為「右腿」，以下同此）挺直，成左弓牮馬式。

兩拳向前方盡力打出，拳心向下，兩拳成水平線，拳之距離與肩相並。目注視兩拳，面向前方（如圖八）。

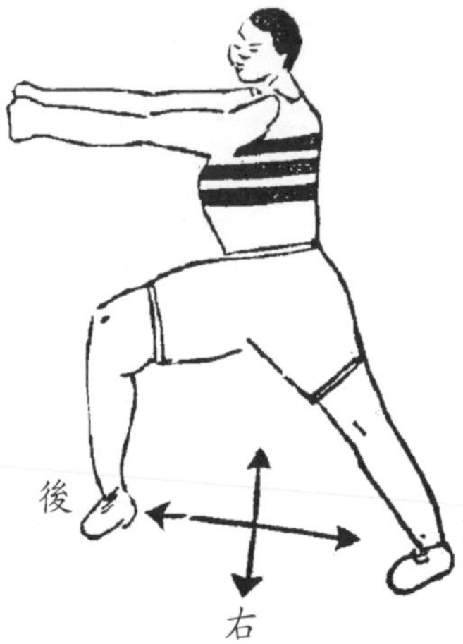

夾肘雙撞　圖九

（九）夾肘雙撞

聞「口令一」，兩拳由右下方向上打一圈。左足外撇，右足向前方上一步，屈膝成平馬式。兩拳置於腰間，面向左方；同時，身體扭轉前方，右足屈膝，左足挺直，成右弓牮馬式。

兩拳盡力向前方打出，拳與肩成水平線，拳心向下，拳之距離與肩相平，面向前方（如圖九）。

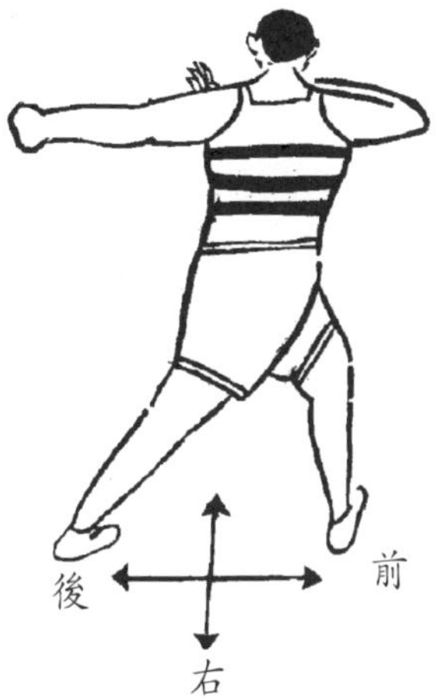

貼身靠　圖十

（十）貼身靠

聞「口令二」，右足退後一步，足尖點地，足跟蹺起；左足屈膝向下，重心完全落在左足。

左拳向後方打出，拳心向下；同時，右拳成掌，置於左肩旁，目注左拳，面向左方（如圖十）。

鎖脖通天　圖十一

（十一）鎖脖通天

聞「口令三」，右掌向上撩至腰間成拳，拳心向上。同時，身體由左方轉至右方，兩膝向下一蹲。

左拳向上抓下，置於右腋，拳心向內；右拳由腰間向上衝出，手臂挺直，拳心向外。同時，兩膝挺直，成立正姿勢。面向右方（如圖十一）。

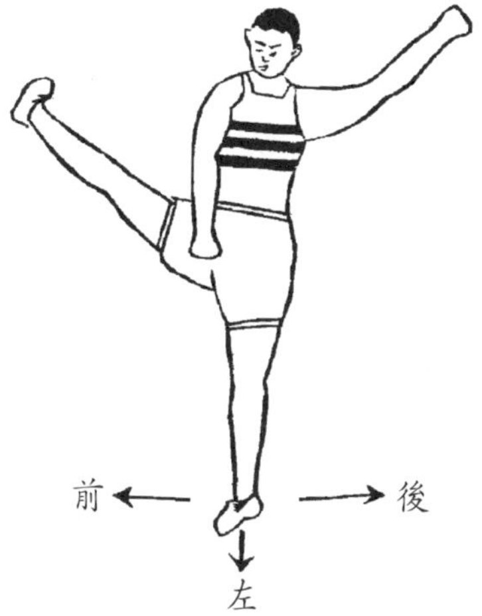

撞腿　圖十二

（十二）撞　腿

聞「口令四」，左拳向下壓置於胯間。用足跟蹬出向前方，膝挺直。面仍在右方，目注左蹬腿（如圖十二）。

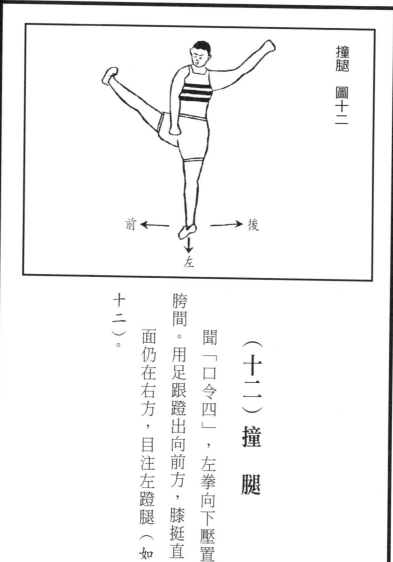

纏絲腿　圖十三

（十三）纏絲腿

聞「口令五」，左足落地向外撇。同時，右拳向下壓置於胯間，左拳由下提上伸直。

右足用足跟向前方蹬出，膝挺直。面向左方，目注蹬腿（如圖十三）。

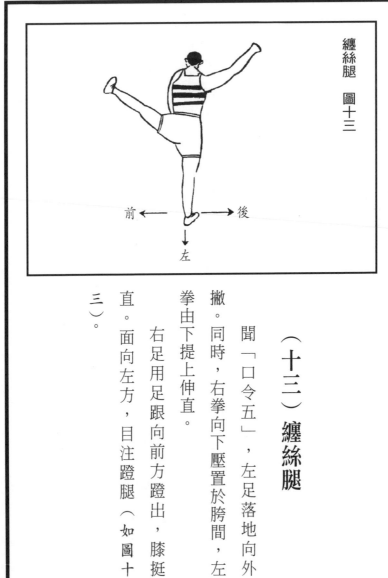

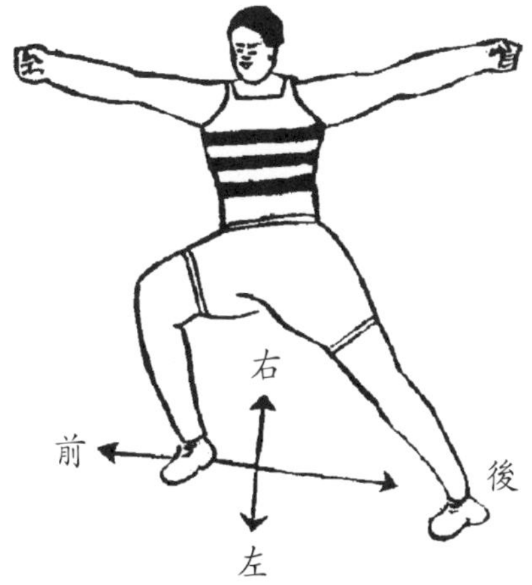

衝搥　圖十四

（十四）衝　搥

聞「口令六」，右足落地，屈成平馬式。兩拳置於腰間，拳心向上。面朝左方，再扭轉至前方。右足屈膝，左足挺直，成右弓䇮馬式。

同時，兩拳向前後衝出，左拳略向上斜，虎口向天。目注右拳（如圖十四）。

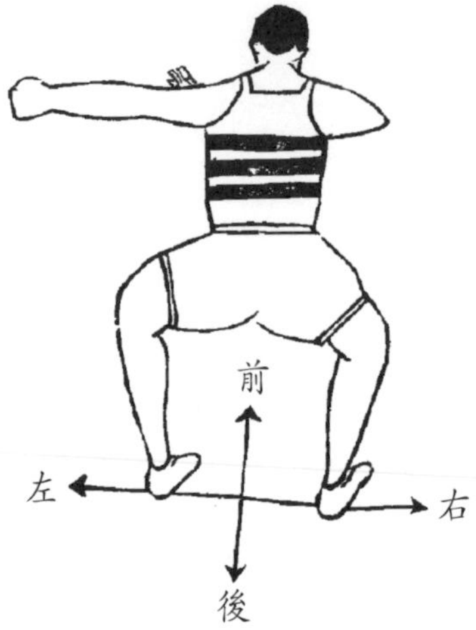

上脫手　圖十五

（十五）上脫手

聞「口令七」，右拳成掌，以掌背擊膝。右足向右方退一步，與左足尖成水平線，屈成平馬式。

同時，右掌向左拳底脫出，向上繞至左肩旁，掌心向左；左拳向左方打出，拳心向下，拳與肩相平。目注視左拳（如圖十五）。

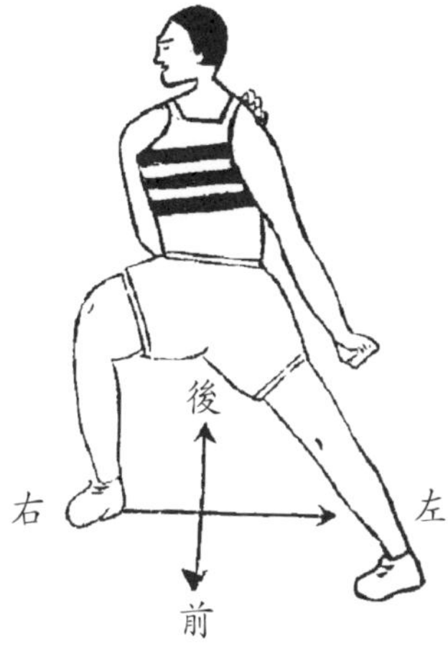

敗勢摘茄　圖十六

（十六）敗勢摘茄

聞「口令八」，左拳成掌向上撩。左足向後方轉，右足向左方踏上一步，身體轉朝右方，屈左膝，右足挺直成左弓坣馬式。

同時，右掌向背後摘拳，左掌置於右肩旁。面向右方，目平視（如圖十六）。

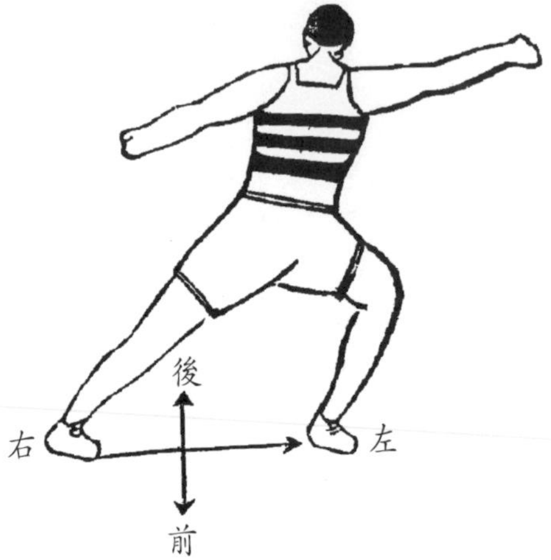

橫擂拳　圖十七

（十七）橫擂拳

聞「口令一」，即扭轉身軀，兩足由右方扭轉後方，右足屈膝，成右弓牮馬式。

同時，兩拳向前後甩出，虎口向上，左拳略向下斜。目視右拳（如圖十七）。

上脫手　圖十八

（十八）上脫手

聞「口令二」，右拳成掌，以掌背擊右膝。右足向前方退一步，右足尖與左足尖成水平線，屈膝成平馬式。

同時，右掌由左拳底脫出，向上繞至左肩旁，掌心向後方；左拳向後方打出，拳心向下，與肩相平。目視左拳（如圖十八）。

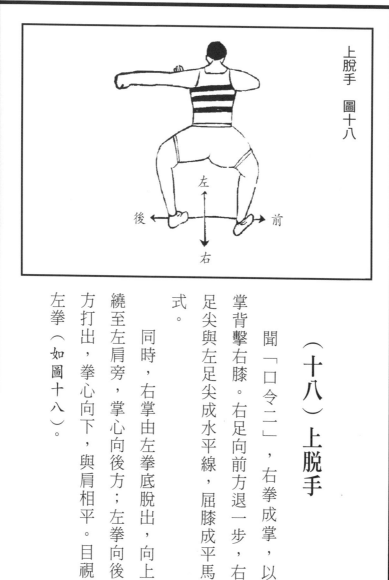

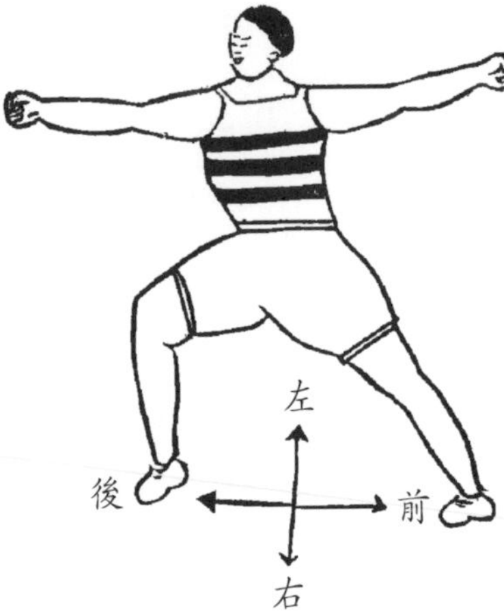

三環吐月　圖十九

（十九）三環吐月——一

聞「口令三」，左拳由下向上撩至腰際，拳心向上。同時，左足向外撇，足尖向左方。右拳向上壓下，置於臍前，拳心向內，虎口向上，再把左拳向上架於腦前。右足向後方踏出，屈膝成平馬式，面向右方，然後身軀扭轉後方，右足屈膝，左足挺直，成右弓牮馬式。同時，雙拳以拳背向左右豁出，虎口向天。目注右拳，面朝後方（如圖十九）。

三環吐月　圖二十

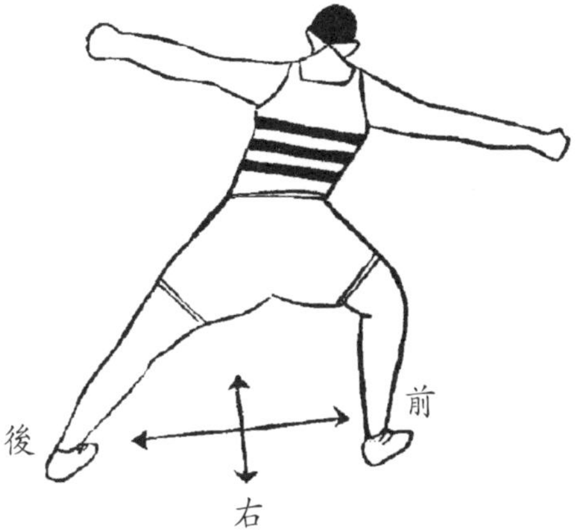

（二十）三環吐月——二

聞「口令四」，左拳由下向上撩至腰際，拳心向上。同時，左足向外撇，足尖向左方。右拳向上壓下，置於臍前，拳心向內，虎口向上，再把右拳向上架於腦前，虎口向下。右足向前方踏出，屈膝成平馬式，面向左方，然後身軀扭轉前方，右足屈膝，左足挺直，成右弓牮馬式。

同時，雙拳以拳背向左右豁出，虎口向天。目視前方（如圖二十）。

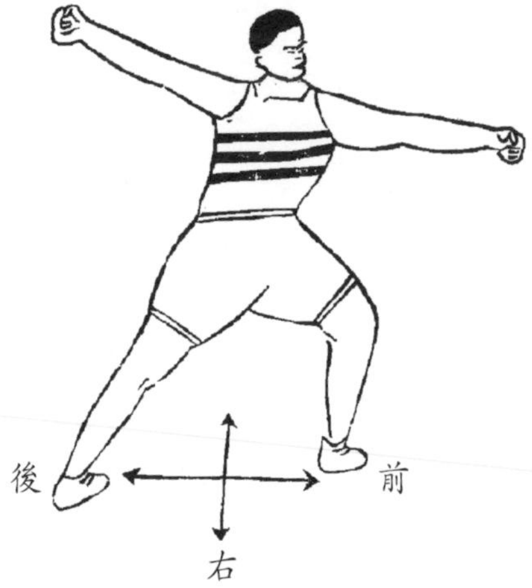

三環吐月　圖二一

（二一）三環吐月——三

聞「口令五」，右拳由下向上撩至腰際，拳心向上。同時，右足向外撇，足尖向右方。左拳向上壓下，置於臍前，拳心向內，再把右拳向上架於腦前。左足向前方踏出，屈膝成平馬式，面向右方，然後身軀扭轉前方，左足屈膝，右足挺直，成左牮馬式。同時，雙拳以拳背向左右豁出，虎口向天。目注左拳，面朝前方（如圖二一）。

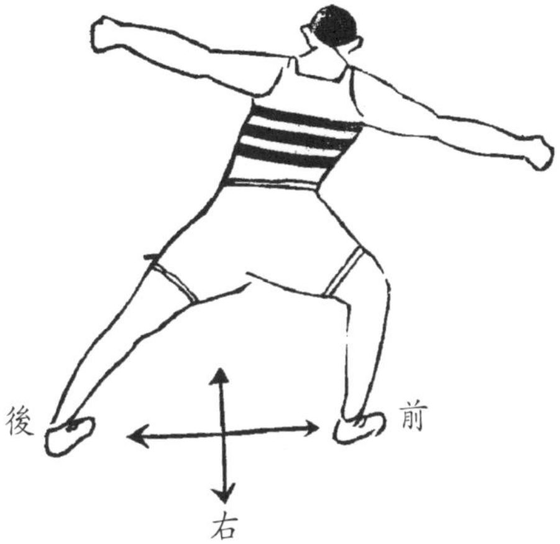

三環吐月　圖二二

（二二）三環吐月——四

聞「口令六」，左拳由下向上撩至腰際，拳心向上。同時，左足向外撇，足尖向左方。右拳向上壓下，置於臍前，拳心向內，虎口向上；再把左拳向上架於腦前，虎口向下。右足向前方踏出，屈膝成平馬式，面向左方，然後身軀扭轉前方，右足屈膝，左足挺直，成右弓𨊠馬式。同時，雙拳以拳背向左右豁出，虎口向天。目視右拳，面向前方（**如圖二二**）。

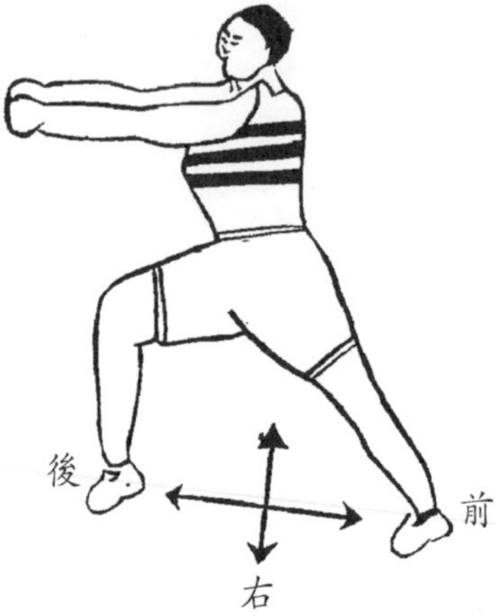

夾肘雙撞　圖二三

（二三）夾肘雙撞——一

聞「口令七」，左拳向上撩至腰際，拳心向上。同時，左足向外撇，足尖向右方。右拳向上壓下，置於腰間，兩肘夾實。右足向後方踏出，成平馬式，面朝右方，身軀扭向後方，右足屈膝，左足挺直，成右弓牮馬式。

雙拳向後方打出，拳與肩相距離，肩與拳相平，拳心向下。目視雙拳（如圖二三）。

夾肘雙撞　圖二四

（二四）夾肘雙撞——二

聞「口令八」，雙拳由下向上撩至腰際，肘與腰盡力夾實，拳心向上。同時，右足向外撇，左足向後方踏出，屈膝成平馬式，面向左，身軀扭轉後方，左足屈膝，右足挺直，成左弓纟馬式。

雙拳向後方打出，拳與肩同距離，拳與肩相平，拳心向下。目視雙拳（如圖二四）。

夾肘雙撞　圖二五

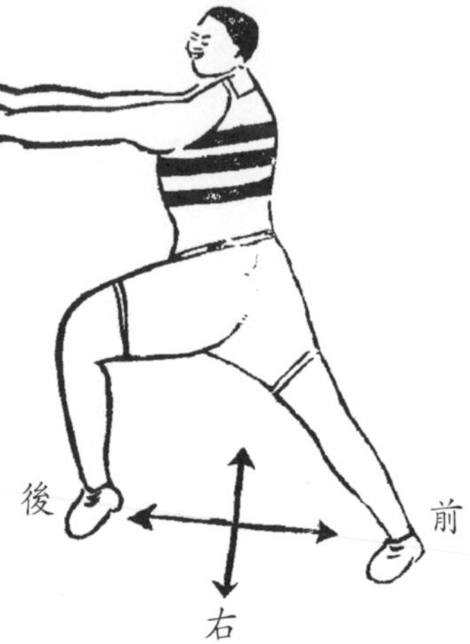

（二五）夾肘雙撞——三

聞「口令一」，雙拳由下向上撩至腰際，拳心向上。同時，左足向外撇，足尖向右方。雙拳向上壓下，置於腰間，兩肘夾實。右足向後方踏出一步，成平馬式，面朝右方，身軀扭轉向後方，右足屈膝，左足挺直，成右弓尖馬式。

雙拳向後方打出，雙拳與肩同距離，肩與拳相平，拳心向下。目視雙拳（如圖二五）。

上脫手　圖二六

（二六）上脫手

聞「口令二」，即扭轉身軀向右方，兩足屈膝，成平馬式。同時，右拳成掌，由左拳底脫出，繞上置於左肩旁，掌心向前方；同時，左拳向內，朝前方平拳打出，拳心向下。身面朝右方（如圖二六）。

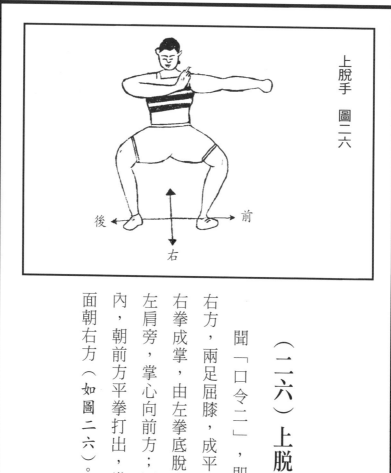

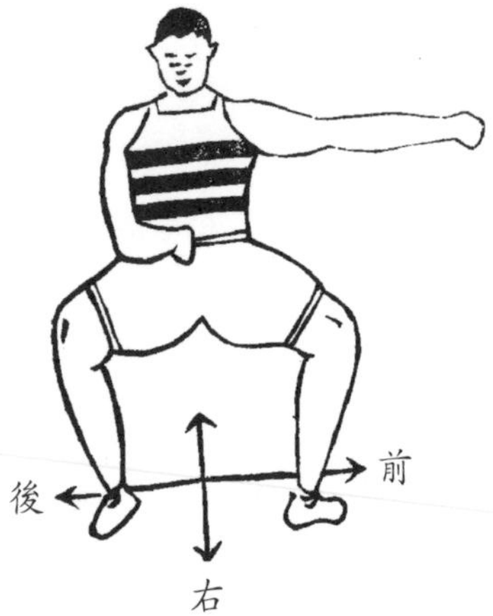

下脫手　圖二七

（二七）下脫手

聞「口令三」，右掌由左拳上繞至拳底成拳，再置於右腰際，拳心向上；同時，把左拳收回，向前方以平拳打出。步馬不動，身面仍朝右方（如圖二七）。

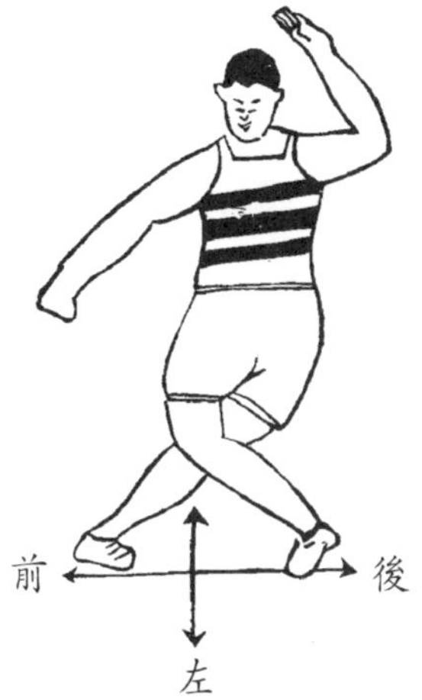

坐盤擠捶　圖二八

（二八）坐盤擠捶

聞「口令四」，左足收回貼右足，足尖點地，足跟蹺起，成寒雞步式。左拳成掌，由下向上。再以左足向前方踏出，右足向左足前踏出，同時，以左足向右足後偷步，步對前方。右拳急向上下方打出，拳心向右方。身朝左方（如圖二八）。

鎖脖蓋頂　圖二九

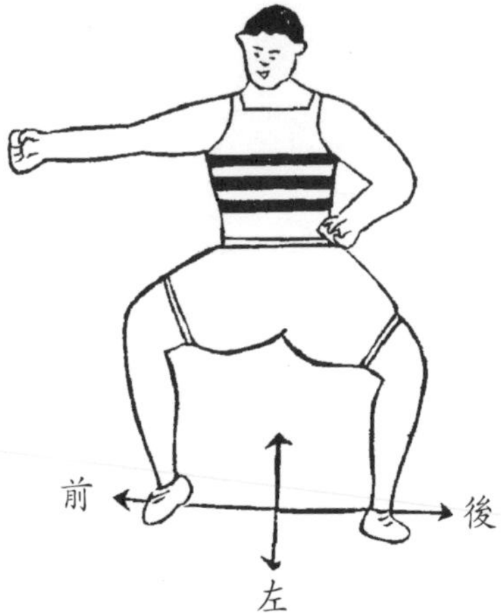

（二九）鎖脖蓋頂

聞「口令五」，轉身向前方，右足踏上一步，成平馬式。左拳（校點：疑為「掌」）由上撩下成拳，置於腰間；右拳由下向上壓下，虎口向上，拳與肩相平。身面朝左方（如圖二九）。

上脫手　圖三十

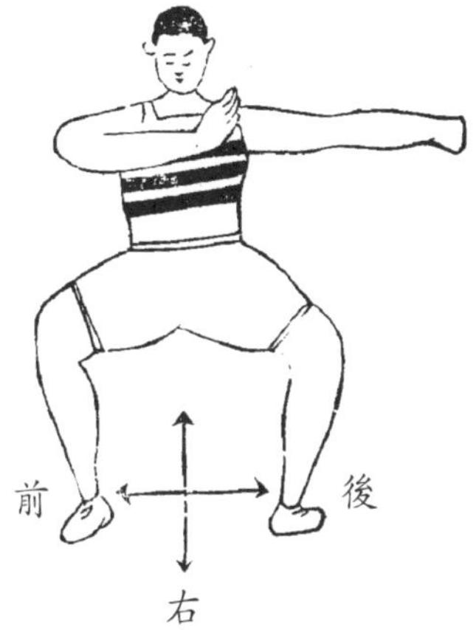

（三十）上脫手

聞「口令六」，右拳成掌，由左拳底脫出，繞上置於左肩旁，掌心向前方；同時，左拳向內，朝前方平拳打出，拳心向內。步馬不動，身面朝右方（如圖三十）。

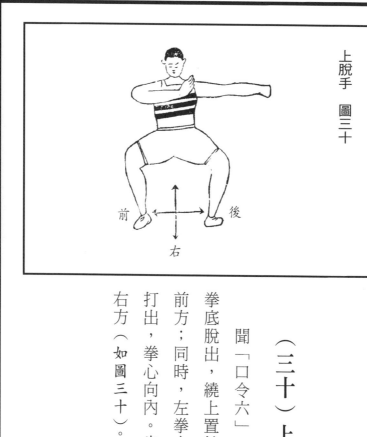

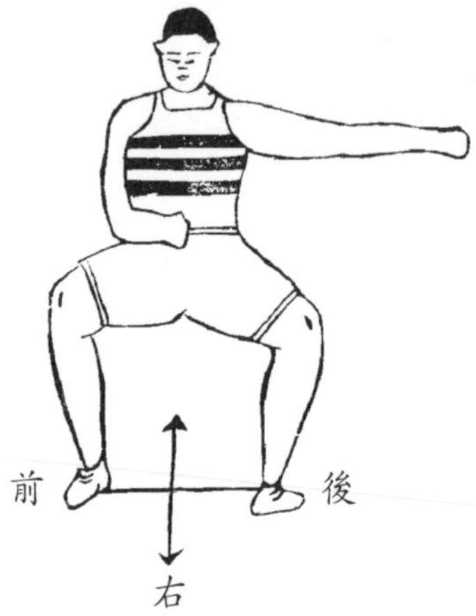

下脫手　圖三一

（三一）下脫手

聞「口令七」，右掌由左拳上繞至肘底成拳，再置於右腰際，拳心向上；同時，把左拳收回，向前方以平拳打出。步馬不動，身面仍朝右方（如圖三一）。

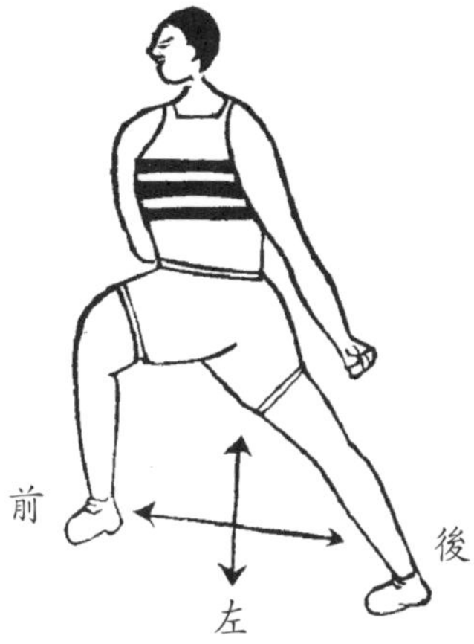

敗勢摘茄　圖三二

（三二）敗勢摘茄

聞「口令八」，左拳成掌，由下向上撩，護於右肩旁。左足向右方轉，右足向後方踏出一步，身軀向前方，屈左膝，右足挺直，成左弓坐馬式。

同時，右掌向背後摘拳。面朝前方，目平視（如圖三二）。

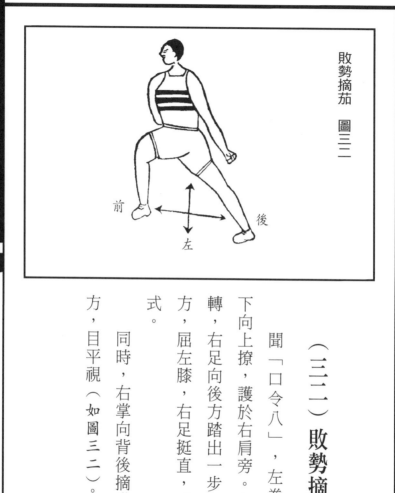

填步窩掌　圖三三

（三三）填步窩掌

聞「口令一」，即扭轉身軀向後方。左掌插入右拳底，右拳成掌向上撩。同時，左足向後方踏出一步，一縱身向上，右足向後方踢出。右掌向下拍足。即將右足踏地，屈膝成右弓坐馬式。

同時，左掌向後鉤出，右掌由下向上撩，肘下沉，掌與眉齊。面朝後方（如圖三三）。

穿掌單邊式　圖三四

（三四）穿掌單邊式

聞「口令二」，左足向後方踏出一步，即提起右足，足背貼住左足（校點：疑為「腿」）膝彎。

同時，左掌由內向上穿出，掌心向上，右掌護於腋下。面朝後方，目注左穿掌（如圖三四）。

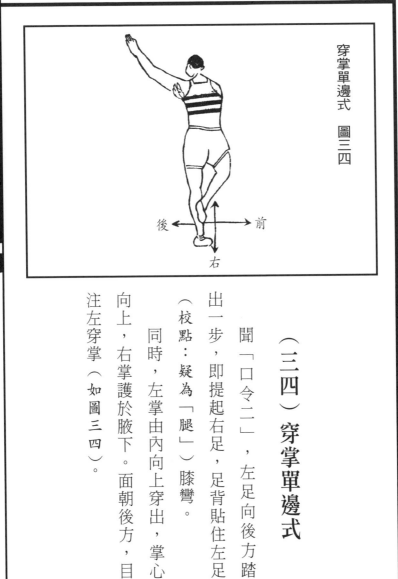

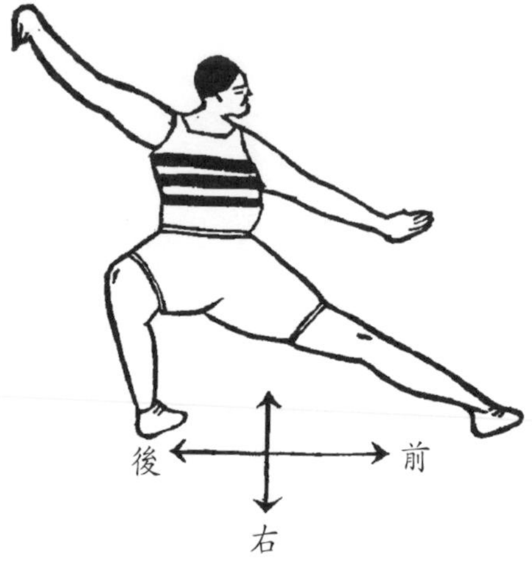

下勢　圖三五

（三五）下　勢

聞「口令三」，落右足向前方跨出一步，膝頭挺直；左足屈膝向下，成伏地勢。左掌由上經下，向後方成環形鉤出；右掌由下向上撩，掌尖與眉齊。身面朝前方，目注右掌（如圖三五）。

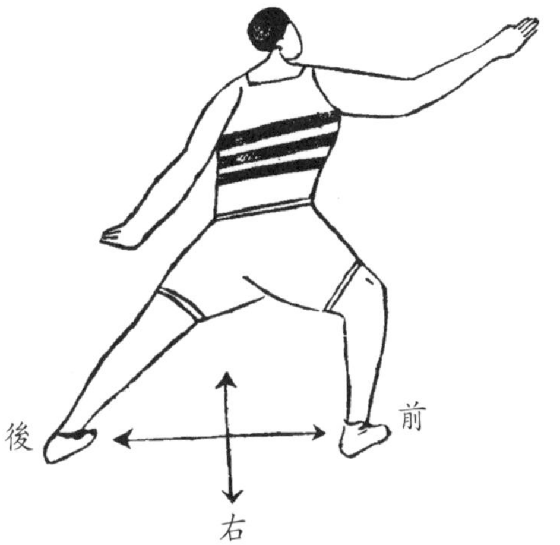

填步窩掌　圖三六

（三六）填步窩掌

聞「口令四」，同時，急轉變步法，右足屈膝，左足挺直，成右弓箭馬式。

右掌上提，左手仍後拘（如圖三六）。

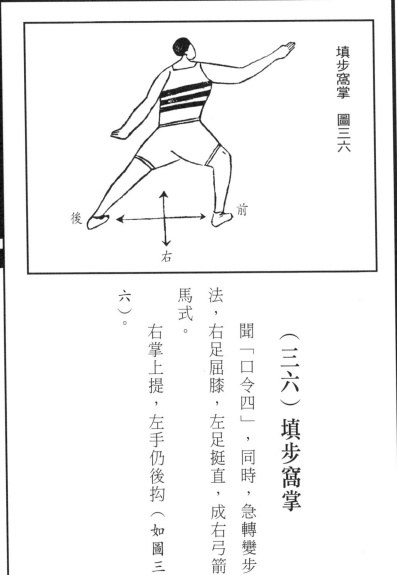

穿掌單邊式　圖三七

（三七）穿掌單邊式

聞「口令五」，左足向前方踏出一步，即提起右足，足背貼住左足膝彎。同時，左掌由內向上穿出，掌心向上，右掌護於腋下。面朝前方，目注左穿掌（如圖三七）。

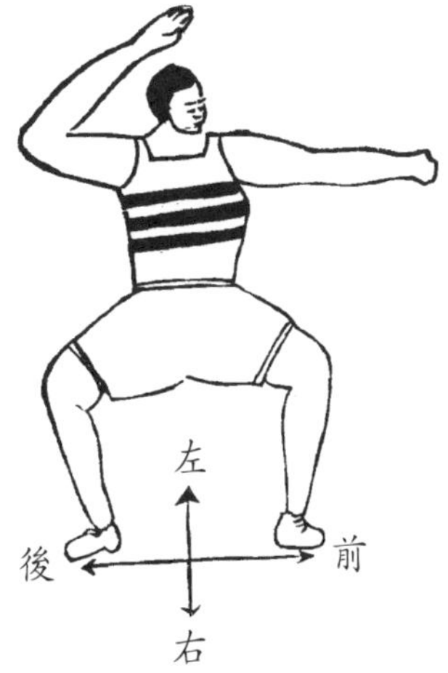

箭鐔　圖三八

（三八）箭　鐔

聞「口令六」，右足落地，兩足屈膝成平馬式。

右掌向上撩置於腦際，掌心向天；左掌成拳，由內向前方打出成平拳，拳與肩平。目注右拳，身朝右方（如圖三八）。

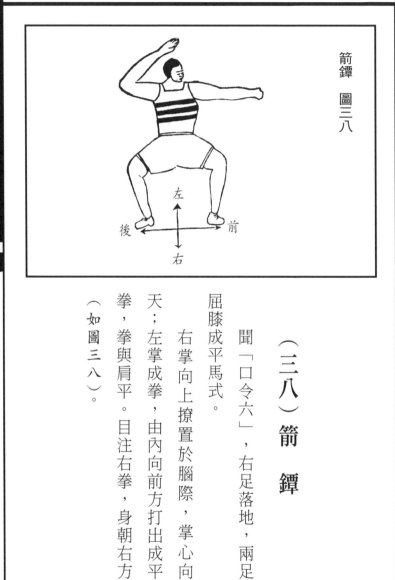

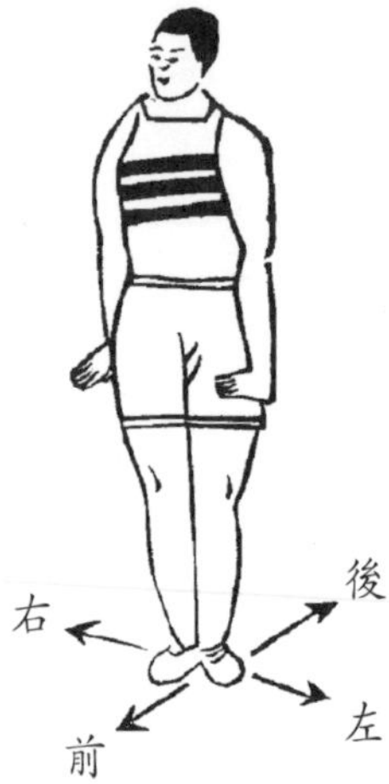

收式　圖三九

（三九）收　式

聞「口令七」，左足即收回與右足跟靠攏，身體向上挺直，成立正姿勢。左拳成掌，雙掌由下向上各豁一圈，經耳旁向下按，掌心向下。身面向前方，目平視（如圖三九）。

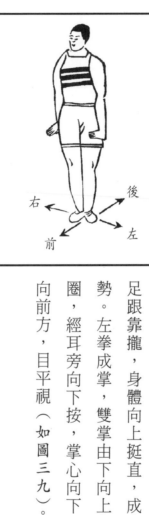

歡迎至本公司購買書籍

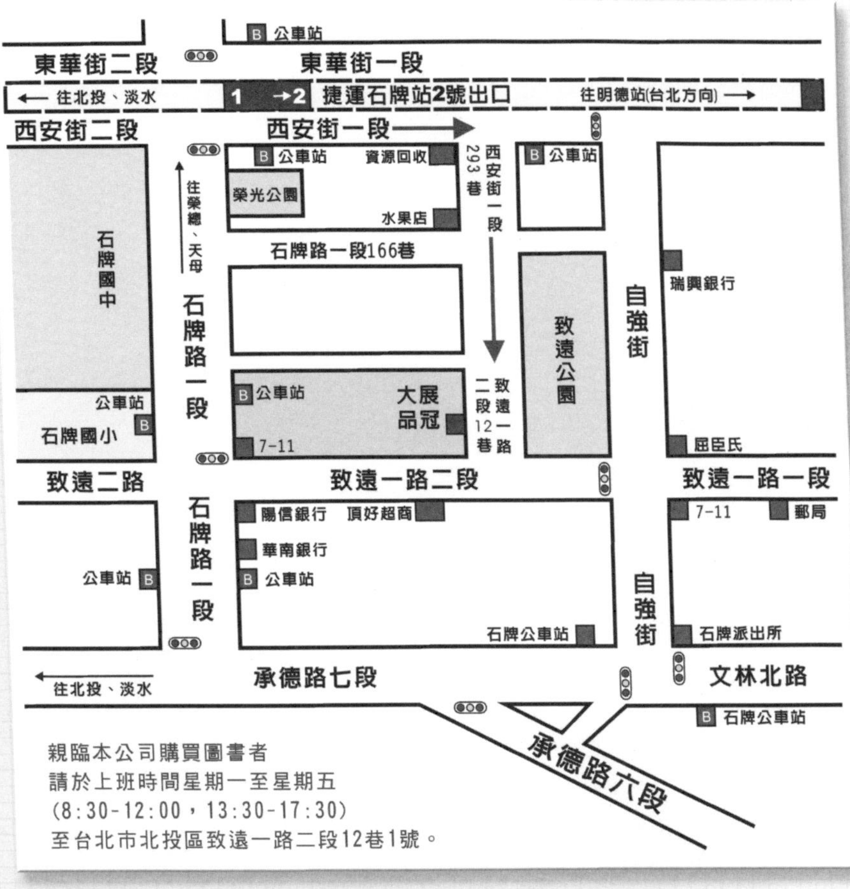

建議路線

1.搭乘捷運

淡水信義線石牌站下車，由月台上二號出口出站，二號出口出站後靠右邊，沿著捷運高架往台北方向走(往明德站方向)，其街名為西安街，約80公尺後至西安街一段293巷進入(巷口有一公車站牌，站名為自強街口，勿超過紅綠燈)，再步行約200公尺可達本公司，本公司面對致遠公園。

2.自行開車或騎車

由承德路接石牌路，看到陽信銀行右轉，此條即為致遠一路二段，在遇到自強街(紅綠燈)前的巷子左轉，即可看到本公司招牌。

國家圖書館出版品預行編目資料

八段錦・工力拳／王懷琪　著
——初版——臺北市，大展，2018[民107.06]
面；21公分——（老拳譜新編；37）
ISBN 978-986-346-211-8（平裝）
1.拳術 2.氣功
528.972　　　　107005463

八段錦・工力拳

著　　者／王　懷　琪
校 點 者／王　占　偉
責任編輯／王　躍　平
發 行 人／蔡　森　明
出 版 者／大展出版社有限公司
社　　址／台北市北投區（石牌）致遠一路2段12巷1號
電　　話／(02) 28236031・28236033・28233123
傳　　真／(02) 28272069
郵政劃撥／01669551
網　　址／www.dah-jaan.com.tw
E-mail／service@dah-jaan.com.tw
登 記 證／局版臺業字第2171號
承 印 者／傳興印刷有限公司
裝　　訂／眾友企業公司
排 版 者／千兵企業有限公司
授 權 者／山西科學技術出版社
初版1刷／2018年（民107）6月

定　價／200元